Himmelen

Himmelen

Hvor den er, dens Indbyggere, og
hvor ledes man kan komme did.

Visheden af Guds Løfte om et Liv efter Døden og
den Belønning, som er de tro Tjenere henlagt.

Som sanket ud af den hellige Skrift.

𝔊𝔦𝔪𝔪𝔢𝔩𝔢𝔫

© 2022 by Aneko Press

All rights reserved. First edition 1886.

Revisions copyright 2022.

Please do not reproduce, store in a retrieval system, or transmit in any form or by any means – electronic, mechanical, photocopying, recording, or otherwise, without written permission from the publisher. Please contact us via www.AnekoPress.com for reprint and translation permissions.

Cover Designer: J. Martin

Editor: S. Anderson

Aneko Press

www.anekopress.com

Aneko Press, Life Sentence Publishing, and our logos are trademarks of

Life Sentence Publishing, Inc. 203 E. Birch Street
P.O. Box 652 Abbotsford, WI 54405

RELIGION / Christian Life / Inspirational

Paperback ISBN: 978-1-62245-912-4

eBook ISBN: 978-1-62245-913-1

10 9 8 7 6 5 4 3 2 1

Available where books are sold

Contents

Forord til første Oplag paa Engelsk. vii

Udgiverens Forord til den Norsk-Danske Udgave. viii

Dens Haab. 1

Dens Indbyggere. 21

Dens Salighed. 37

Dens Vished. 59

Dens Skatte. 77

Dens Løn. 99

Om forfatteren 117

"Og Staden behøver ikke Solen eller Maanen til at skinne i den; thi Gudfi Herlighed oplyfer den, og Lammet er denf Lyf." Aab. 21.23.

Forord til første Oplag paa Engelsk.

Denne lille Bog, der omhandler et Emne, som er mig meget kjært, er bleven omhyggelig gjennemset og udsendes i det Haab, at den maa tjene mange til Trøst og Opbyggelse, — at de Svage maa blive styrkede, de Sørgende trøstede og de Nedstemte blive opmuntrede til at skue hen med forøget Tro mod hin yndigste af alle yndige Stæder i det "bedre Land," som er Frelserens og de Frelstes Hjem.

Mange Bøger er bleven udgivne her i Landet i mit Navn, men ingen med min Bemyndigelse, og den eneste Bevæggrund til denne lille Bogs Udgivelse er, at Sjæle maa blive bistaaede.

D. L. Moody,
Northfield, Mass., 1880.

Udgiverens Forord til den Norsk-Danske Udgave.

Den usædvanlig store Udbredelse af denne Bog i det engelske Sprog — et hundrede og ti tusen Exemplarer er bleven solgte i fire Aar — og den store Afsætning paa de af Moodys Bøger, der er bleven oversatte paa norsk-dansk, synes at være tilstrækkelig Opmuntring til at forelægge det norsk-danske Publikum denne Bog i en nøiagtig og tro Oversættelse og i et smukt typografisk Udstyr. At Bogen maa blive sin nye Læsekreds til Gavn og Velsignelse ønskes og haabes af

    Udgiveren,
    Chicago i Marts, 1886.

Sjælens Hjem.

Hint himmelske Hjem er for dig og for mig,
    Hvor Jesus af Nasaret staar.
Alle Riger og Konger han har under sig,
    Vore Kroner i Haanden han har.

O, hvor sødt vil det bli' i hint yndige Land,
    Saa frit for al Smerte og Sorg,
Med Sang paa vor Læbe og Harpe i Haand
    At modes i Himmelens Borg!

Første Kapitel.

Dens Haab.

Vi takke Gud og vor Herres Jesu Kristi Fader * * * for det Haab, som er eder henlagt i Himlene. Col. 1. 3, 5.

Mange Folk indbilder sig, at alt, hvad der kan siges om Himmelen, kun er Gisninger. De taler om Himmelen omtrent paa samme Maade som om Luften. Skriften vilde ikke have indeholdt saa meget om dette Emne, hvis Gud havde ønsket, at Menneskene skulde forblive uvidende derom. Det siges, at "den ganske Skrift er indblæst af Gud, og er nyttig til Lærdom, til Overbevisning, til Rettelse, til Optugtelse i Retfærdighed, at det Guds Menneske maa vorde fuldkomment, dygtiggjort til al god Gjerning" (2 Tim. 3.16,17). Hvad Bibelen lærer om Himmelen er lige saa sandt som, hvad den lærer om alt andet. Bibelen er inspireret. Hvad deri læres os om Himmelen, kunde vi ikke erfare paa nogen anden Maade end ved en Inspiration.

Himmelen

Ingen vidste noget om Sageu undtagen Gud, og hvis vi ønsker at erfare noget derom, maa vi henvende os til Guds Ord. En lærd Mand (Dr. Hodge) siger, at det bedste Bevis for, at Bibelen er Guds Ord, findes paa dens egne Blade. Den beviser sig selv. I denne Henseende er den lig Kristus, hvis Karakter beviste hans egen Persons Guddommelighed. Kristus beviste sig at være mere end et Menneske ved sine Handlinger. Bibelen beviser sig at være mere end en menneskelig Bog ved sit Indhold.

Det er dog ikke fordi, at Bibelen er skreven med mere end menneskelig Kunstfærdighed — fordi dens Forfatterskab langt overgaar enhver menneskelig Forfatters Dygtighed, eller fordi det Menneskekjendskab og den Veltalenhed, den indeholder, overgaar alle Menneskers Evner, at vi tror, at den er inspireret; Folk er delte i sine Meninger om, hvor langt menneskelig Kunst kan naa; men Grunden til, at vi tror, at Bibelen er inspireret, er saa simpel, at det ringeste Guds Barn kan forstaa den. Hvis Beviset for dens guddommelige Oprindelse laa alene i dens Visdom, vilde maaske en simpel og uoplyst Person være istand til at tro det. Vi tror, at den er inspireret, fordi den ikke indeholder noget, som ikke kunde være kommen fra Gud. Gud er vis, og Gud er god. Der er intet i Bibelen, som ikke er vist, og der er intet deri, som ikke er godt. Hvis Bibelen indeholdt noget, som stred mod Fornuften eller mod vor Retfærdighedsfølelse, da kunde vi maaske tro, at den var lig alle andre Bøger i Verden, hvilke er skrevne af blotte Mennesker. Bøger, som kun er menneskelige — ligesom blotte Menneskers Liv — indeholder megen Daarskab og meget Falskt. Kristi Liv alene var fuldkomment, da han var baade Gud og Menneske. Ikke en eneste af de øvrige Bøger, der gjør Fordring paa

Dens Haab.

at være af guddommelig Oprindelse, t. Ex. Koranen, stemmer overens med sund Menneskefornuft. Der er sket intet i Bibelen, der strider mod sund Fornuft. Hvad den beretter om, at Jorden er bleven lagt øde ved en Oversvømmelse, og at Noah og hans Familje var de eneste, som blev reddede, er ikke mere mærkværdigt end, hvad der nu læres i Skolerne om, at hele Jorden og alt, hvad der er paa den, engang var en Ilkugle. Det er meget lettere at tro, at Mennesket blev skabt i Guds Billede, end at tro, som det undertiden læres, at det er nedstammet fra en Abe.

Lig alle andre mærkværdige Guds Værk bærer denne Bog et tydeligt Præg af sin Forfatter. Den er lig ham. Skjønt Mennesket planter Sæden, skaber dog Gud Blomsterne, og de er fuldkomne og yndige som han selv. Mennesker skrev, hvad der findes i Bibelen, men Værket er Guds. Jo mere dannede Folk er, jo mere synes de i Regelen om Blomster, og jo bedre de er, jo mere synes de i Regelen om Bibelen. Kjærligheden til Blomster gjør Folk ædlere, og Kjærligheden til Bibelen gjør dem bedre. Alt, hvad Bibelen indeholder om Gud, om Mennesket, om Gjenløsningen og om Evigheden, stemmer overens med vore egne Begreber om Ret, med vor rimelige Frygt og med vor personlige Erfaring. Alle historiske Begivenheder er beskrevne paa en Maade, som vi ved at have været almindelig at anskue Tingene paa paa den Tid de blev beskrevne. Hvad Bibelen beretter os om Himmelen er ikke halvt saa mærkværdigt, som hvad Professor Proctor fortæller os om den Skare af Stjerner, der befinder sig udenfor vor Synsvidde med almindelige Teleskoper; og dog tror Folk meget ofte, at Videnskaben kun grunder sig paa Kjendsgjerninger, medens

Himmelen

Religionen kun grunder sig paa tomme Indbildninger. Mange Folk tror, at Jupiter og mange andre Stjerner omkring os er beboet, hvilke dog ikke kan bekvemme sig til at tro, at der udenfor denne Jord gives et Liv for udødelige Sjæle. Den sande Kristne stiller Troen høiere end Fornuften, og tror, at Fornuften farer vild, naar Troen lægges tilside. Hvis Folk kun vilde læse sin Bibel mere og overveie, hvad deri findes angaaende Himmelen, vilde de ikke være saa verdsligsindede, som de er. De vilde ikke hengive sit Hjerte til noget hernede, men vilde søge de uforgjængelige Skatte her oventil.

Jorden er Syndens Hjem.

Det synes helt rimelig, at Gud skulde have givet os et Glimt paa Livet hisset, da Døden hyppig berøver os en eller anden Ven, og den første Tanke, som da opstaar hos os, er: "Hvorhen er de gangne?" Naar vore Elskede berøves os, hvorledes paatrænger sig os da ikke denne Tanke! Hvorledes undrer vi os ikke over, om vi nogensinde vil kunne gjense dem, og naar og hvorledes det vil kunne ske! Da er det, at vi vender os til denne velsignede Bog; thi der gives ingen anden Bog i hele Verden, der kan give os den ringeste Trøst — ingen anden Bog, der kan sige os, hvor de Elskede er gangne.

For ikke lang Tid siden traf jeg en gammel Ven, og da jeg tog ham i Haanden og spurgte efter hans Familjes Befindende, kom Taarerne rindende nedad hans Kinder, idet han sagde:

"Jeg har ingen nu."

"Hvad," spurgte jeg, "er din Hustru død?"

"Ja."

Dens Haab.

"Og alle dine Børn ogsaa?"

"Ja, alle er bortgangne," sagde han, "og jeg er efterladt ensom og alene."

Vil nogen berøve denne Mand Haabet om at møde sine Kjære hisset? Vil nogen overtale ham til at tro, at der ikke gives et Liv, hvor de tabte vil kunne gjenfindes? Nei, vi behøver ikke at forglemme vore Kjære; men vi kunne forstedse klynge os til det urokkelige Haab, at der vil komme en Tid, da vi skulle kunne mødes uhindret og blive salige i hint evige Soles Land, hvor Sjælen drikker af Kjærlighedens levende Kilder, der flyder forbi Guds høie Trone.

Der gives ingen af os, som ikke i sit inderste Hjerte har en Anelse om Evigheden.

> O, sig mig, du min Sjæl
> Fortæl mig, Haab og Tro,
> Er der ei noget Sted,
> Hvor Synd og Død ei naa?
> Er der ei noget Sted,
> Hvor Dødelige bo,
> Hvor Sorgen Lindring har
> Og Trætte have Ro?
> Tro, Haab og Kjærlighed—de himmelsendte Engle—
> Med udspredt' Vinger hvisked':
> "Jo, i Guds høie Himle!"

Der gives Folk, som paastaar, at der ikke findes nogen Himmel. Jeg talte engang med en Mand, som sagde, at han ikke syntes, der var nogen Grund til at tro, at der gives nogen anden Himmel, end den vi kjender her

paa Jorden. Hvis dette er Himmelen, er det en meget
forunderlig Himmel – denne Verden af Sygdom, Sorg
og Synd. Jeg beklager af ganske Hjerte den Mand eller
Kvinde, som nærer en saadan Anskuelse.

Denne Verden, som nogle anser som Himmelen, er et
Hjem for Synd, et Hospital for Sorg, et Sted, der intet
eier, der kan tilfredsstille Sjælen. Folk reiser helt over
den og ønsker da at forlade den. Jo mere man erfarer
om Verden, jo ringere skatter man den; Folk bliver snart
trætte af de bedste Nydelser den har at byde. Nogen har
sagt, at Verden er en stormfuld Sø, hvis hver en Bølge
er bedækket med Vraget af Dødelige, der er gaaede til-
grunde deri. For hvert Aandedrag vi trækker, dør nogen.
Vi alle ved, at vi vil forblive her kun en meget kort Tid.
Vort Liv er kun en Dunst. Det er kun en Skygge.

"Vi mødes, vi hilser paa hverandre, fortsætter vor
Gang og er forsvundne," har en sagt. Og en anden har
sagt: "Det er kun en Tomme Tid, og derpaa henruller
evige Tidsaldere;" og det forekommer mig, at det er helt
rimelig, at vi bør studere denne Bibelbog for at erfare,
hvorhen vi gaar, og hvor vore Venner er, som er gangne
forud. Den længste Tid, et Menneske har at leve i, for-
holder sig til Evigheden som en Dugdraabe til Havet.

Fortidens Stæder.

Betragt Fortidens Stæder. Der er Babylon. Den siges
at være bleven grundlagt af en Dronning ved Navn
Semiramis, der beskjæftigede to Millioner Mand i stere
Aar med at opføre den. Den er kun Støv nu. For næsten
et tusen Aar siden skrev en Historiker, at Ruinerne af

Dens Haab.

Nebukadnesers Palads endda stod, men Folk frygtede for at gaa nær dem, fordi de var fulde af Skorpioner og Slanger. Storhed bliver ofte til saadanne Ruiner i vor Tid. Ninive er forgangen. Dens Taarne og Skanser er nedstyrtede. Den Reisende, der søger at finde Karthago, kan ikke finde meget deraf. Korinthien, der engang var Sædet for Kunst og Overdaadighed, er kun en uformelig Masse. Ephesus, der længe var Asiens Metropolis — vor Tids Paris — var fuld af Bygninger saa store som Kapitoliet i Washington. Det siges, at den nu mere ligner en forladt Gravplads end noget andet. Granada, der engang var saa storartet med sine tolv Porte og Taarne, er nu forfalden. Alhambra, de mohamedanske Kongers Palads, befandt sig her. Smaa Stykker af de engang storartede og smukke Stæder Herculanæum og Pompeii sælges nu som Oldtidslevninger. Jerusalem, der engang var den hele Verdens Glæde, er nu kun en Skygge af sin fordums Storhed. Thebes, der i Aartusinder — næsten lige til Kristi Fødsel — var blandt Verdens største og rigeste Stæder, er nu en Masse Ruiner. Kun lidet af det gamle Athen og mange andre af Oldtidens stolte Stæder er endnu tilbage til at minde os om deres Forfald. Gud lader sin Plog gaa gjennem Stæder, og de omstyrtes som Furerne paa Ageren. "Se," sagde Esaias, "Hedningerne er agtede for ham som en Draabe af Spandet og som et Gran i Vægtskaalen; se, Der skal han bortkaste som tyndt Støv .... Alle Hedninger er som intet for ham; de er agtede for ham mindre end intet og det Øde" (Es. 40. 15, 17).

Se, hvorledes Antiokien er falden. Da Paulus prædikede der, var den en prægtig Verdensstad. En bred Gade af over tre Miles Længde strakte sig tvert igjennem Staden

og var smykket med Rækker af Søiler og Buegange, og
ved hvert Gadehjørne stod Billedstøtter til Minde om
deres store Mænd, hvis Navne vi ikke engang har hørt.
Deres Navne er forglemte, medens den fattige Teltmager=
Prædikant, der gik ind gjennem dens Porte, fremstaar
i Historien som dens mest storartede Personlighed. De
<u>smukkeste</u> Prøver paa græsk Kunst prydede Templernes
Helligdomme, og Badene og Vandledningerne overgik i
Pragtfuldhed alle lignende Anstalter i vor Tid. Ligesom
nu søgte Folk den Gang Ære, Rigdomme og Berømmelse
og skrinlagte sine Navne og sit Ry i forgjængeligt Ler.
Inden Antiokiens Mure siges at have været Bakker eller
Høie af over syv hundrede Fods Høide, og steile Bakker og
dybe Raviner gav Stedet et vildt og malerisk Udseende, uden
nogen Lige i Nutiden. Disse Bakker var befæstede paa en
beundringsværdig Maade, der gav dem et forunderligt og
slaaende Udseende. Den uhyre Befolkning af denne Stad,
der indbefattede i sig Græcenlands Kunst og Dannelse
tilligemed Asiens Letsindighed, Overdaadighed og Overtro,
var lige hengiven til Forlystelser som Befolkningen af
nogen af vore store Byer i vor Tid. Befolkningen havde
sine Skuespil, sine Lege, sine Væddeløb og Dansere, sine
Taskenspillere, Gjøglere, Bajaser og Troldkunstnere, og
Folket søgte stadig i Theatrene og Processionerne efter
noget der kunde ophidse og tilfredsstille Menneskenaturens
fordærveligste Lyster. Dette er omtrent det samme, som
vi finder, at Masserne af Befolkningen i vore store Byer
gjør nu fortiden.

Antiokien var endog værre end Athen; thi Folkets
saakaldte Gudsdyrkelse var ikke blot afgudisk, men var
sammenblandet med de laveste Lidenskaber, hvortil

Dens Haab.

Mennesket kan henfalde. Det var til denne Stad Paulus kom for at prædike Kristi Evangelii glade Budskab; det var her, at Disciplene først kaldtes Kristne som et Øgenavn; thi alle Kristi Efterfølgere kaldtes før den Tid "Hellige" og "Brødre." Det er medrette bleven sagt, at ud af hin Antiokiens Kilde er der flydt en mægtig Strøm til at vande Verden. "Himmeldronningen" Astarte, hvem de tilbad, Diana, Appollo, Farisæerne og Saducæerne er alle forgangne, men de foragtede Kristne lever endnu. Hin hedenske Stad, der ikke vilde tage Kristendommen til Hjerte, faldt. Stæder, der ikke har Kristendommens forædlende og tøilende Indflydelse grundlagt i sig, beløber sig sjelden til meget i Længden. De fordunkles i Tidsaldernes Løb. Faa af vore store Stæder her i Landet er endnu et hundrede Aar gamle. Næsten i et tusen Aar florerede denne Stad, og dog faldt den.

Paatænkt Udvandring.

Jeg tror ikke det er urigtigt af os at tænke og tale om Himmelen. Jeg synes om at granske efter, hvor Himmelen er, og udfinde alt, hvad jeg kan derom. Jeg venter at bo der gjennem alle Evigheders Evighed. Hvis jeg var bestemt paa at tage Bopæl paa noget andet Sted her i Landet — hvis jeg agtede at have mit Hjem der —, vilde jeg ønske at erkyndige mig om Stedet — om dets Klimat — om de Naboer jeg vilde faa — igrunden om alt, hvad jeg kunde erfare om samme. Hvis nogen af eder agtede at udvandre, vilde dette være den Maade, hvorpaa I vilde føle. Vel, vi maa alle udvandre om meget kort Tid til et Land, der er meget langt borte. Vi maa tilbringe

Himmelen

Evigheden i en anden Verden — i en storartet og herlig Verden, hvor Gud regjerer. Er det da ikke naturlig, at vi bør se os om og lytte og søge at udfinde, hvem der allerede befinder sig der, og hvad som er den korteste Vei derhen?

Strax efter at jeg var bleven omvendt, spurgte en Vantroende mig om, hvorfor jeg saa op, naar jeg bad. Han sagde, at Himmelen ikke var mere over os end under os — at Himmelen var overalt. Vel, jeg blev meget forvirret, og da jeg næste Gang bad, syntes det næsten, som om jeg bad ud i Luften. Siden den Tid er jeg bleven bedre bevandret i Bibelen, og jeg har lært at indse, at Himmelen er over os, — at den er opad og ikke nedad. Guds Aand er overalt, men Gud er i Himmelen, og Himmelen er over vore Hoveder. Det er ligegyldig, hvilket Sted af Jordkloden vi befinder os paa, Himmelen er over os.

I syttende Kapitel af første Mosebog siges det, at Gud gik op fra Abraham; og i tredje Kapitel af Johannes' Evangelium siges det, at Menneskens Søn kom ned fra Himmelen. Ligeledes erfarer vi i første Kapitel af Apostlernes Gjerninger, at Kristus for op (ikke ned) til Himmelen, og at en Sky tog ham bort fra deres Øine. Saaledes erfarer vi, at Himmelen er over os. Selv Anordningen af Firmamentet omkring Jorden betegner, at Guds Herligheds-Sæde er over os. Job siger: "Lad ikke Gud hense dertil ovenfra." Ligeledes læser vi i femte Mosebog: "Hvem skal fare op for os til Himmelen?" Saaledes finder vi gjennem hele Skriften, at Himmelen siges at befinde sig oven over os og udenfor Firmamentet. Dette Firmament — med sine mange lysende Verdener spredte derover — er saa uhyre, at Himmelen visselig maa være et udstrakt Rige. Dog bør dette ikke forundre os. Det tilkommer ikke det kortsynte Menneske

Dens Haab.

at spørge, hvorfor Gud har gjort Himmelen saa udstrakt, at dens Lys langs Veien kan sees fra hvilkensomhelst Del eller Side af denne lille Verden.

I Jeremias 51.15, læser vi: "Han har gjort Jorden ved sin Kraft og beredt Jorderige ved sin Visdom og udbredt Himmelen ved sin Forstand." Og dog, hvor lidet ved vi ikke om denne Kraft og Visdom og Forstand! Som vi læser i Job: "Se, disse er Dele af dine Veie; men hvor liden en Del høres om Ham? Men hans Krafts Torden, hvem kan fatte den?" Dette er Guds Ord. Som vi finder i det to-og-firtiende Kapitel af Esaias: "Saa sagde den Herre Gud, som skabte Himlene og udbredte dem, – som udstrakte Jorden og dens Grøder, – som giver Folket derpaa Aande, og dem en Aand, som gaar derpaa."

Erkjendelsen af Guds Kraft – Himmelens Budskab – viser sig ikke altid i det Store. I det nittende Kapitel af første Kongernes Bog læser vi: "Og se, Herren gik frem, og se et stort og stærkt Veir, som sønderrev Bjergene og sønderbrød Klipperne for Herrens Ansigt, men Herren var ikke i Veiret; og der kom et Jordskjælv efter Veiret, men Herren var ikke i Jordskjælvet. Og efter Jordskjælvet kom en Ild, men Herren var ikke i Ilden; men efter Ilden kom der en stille sagte Lyd."

Det er en stille sagte Lyd, der taler til hans Børn. Nogle Folk søger at erfare, hvor langt borte Himmelen er. Der er noget vi ved derom, og det er, at den er ikke saa langt borte, at ikke Gud kan høre os, naar vi beder. Jeg tror ei, at der har været en Taare fældet for Synd siden Adams Fald i Eden indtil den nuværende Tid, uden at Gud har seet den. Han er ikke saa langt borte fra Jorden, at vi ikke kan fare til ham, og hvis et Suk opstiger fra et bethynget

Himmelen

Hjerte idag, vil Gud høre det. Hvis et Skrig opstiger fra et Hjerte, der er knust paa Grund af Synden, da vil Gud høre dette Skrig. Han er ikke saa langt borte – Himmelen er ikke saa langt borte –, at ikke det mindste Barn kan have Adgang derhen. I anden Krønikernes Bog læser vi: "Hvis mit Folk, som er kaldet efter mit Navn, ydmyger sig og beder og søger mit Ansigt og omvender sig fra deres onde Veie, saa vil jeg, jeg høre af Himmelen og forlade deres Synder og gjøre deres Land sundt."

Da jeg var i Dublin, fortalte man mig om en Fader, som havde mistet sin lille Dreng. Denne Fader havde ikke skjænket Evigheden en Tanke, saa fuldstændig havde han været optaget af denne Verden og dens Sysler; men naar hin lille Dreng – – hans eneste Barn – døde, knustes Faderens Hjerte, og hver Aften, naar han var vendt hjem fra sit Arbeide, kunde han sees i sit Kammer med et Talglys og sin Bibel ifærd med at opsøge ethvert Skriftsted han kunde finde om Himmelen. Nogen spurgte ham om, hvad han bestilte, og han svarede, at han forsøgte at udfinde, hvor hans Barn var gaaet, og jeg tror det var fornuftigt. Jeg formoder ingen vil læse disse Blade, som ikke har Kjære, der er bortgangne. Skal vi tillukke Bibelbogen igjen, eller skal vi kige deri for at forsøge at erfare, hvor de Elskede er? Jeg læste for nogen Tid siden om en Fader, en Prædikant, som havde mistet et Barn. Han havde været tilstede ved mange Begravelser og trø= stet mange andre i Sorgen, men nu var Spydet trængt ind i hans egen Sjæl, og en Standsbroder var kommen for at forrette Jordpaakastelsen og holde Ligtalen; og da denne Prædikant havde talt, reiste Faderen sig og stillede sig ved Siden af Ligkisten og sagde, at da han

Dens Haab.

for nogle faa Aar siden ankom til Menigheden, pleiede han at kaste Blikket hen over Floden uden at tage nogen Interesse i Befolkningen paa den anden Side, da de var alle fremmede for ham, og der var ingen, som tilhørte hans Menighed; men nogle Aar derefter kom der en ung Mand til hans Hus og ægtede hans Datter, og hun flyttede over Floden og bosatte sig der, og da hans Barn havde taget sin Bopæl der, blev han strax interesseret i Beboerne, og hver Morgen, naar han stod op, pleiede han at se ud af Vinduet og henover Floden til hendes Hjem. "Men nu," vedblev han, "er atter et Barn draget bort; det er gaaet over en anden Flod, og Himmelen synes nu nærmere og kjærere for mig end nogensinde før."

Mine Venner, lad os tro denne gode gamle Bibelbog og stol paa, at Himmelen ikke er en Opdigtelse, men være rede til at følge de Kjære, som er gangne forud. Saaledes — og saaledes alene — kan vi finde den Fred vi søger.

Søgende et bedre Land.

Hvad har været og er endnu en af de stærkeste Følelser i det menneskelige Hjerte? Er det ikke at kunne finde et bedre Sted, en yndigere Plet, end vi nu har? Det er herefter Folk søger overalt, og de kan have den, hvis de vil; men istedetfor at se ned, maa de se op for at finde den. Eftersom Folk gaar fremad i Oplysning, kappes de mere og mere med hverandre om at gjøre sine Hjem tiltrækkende; men det yndigste Hjem paa Jorden er kun et tomt Fjøs sammenlignet med Himmelens Boliger.

Hvad er det vi mødes henimod Livets Dalen og Aften? Er det ikke et eller andet lunt Sted, en stille Plet, hvor vi kunne opnaa — om ikke uafbrudt Ro, saa dog en Forsmag paa den kommende Hvile? Hvad var det, som bragte Columbus, uden at vide hvad Skjæbne, der vilde møde ham, hen over det ukjendte Vesterhav, hvis det ikke var Haabet om at finde et bedre Land? Det var dette, som holdt Pilegrims-Fædrenes Mod oppe, efter at være fordrevne fra sit Fødeland, da de nærmede sig en utilgjængelig, øde Kyst med et ukjendt Land i det Fjerne. De opmuntredes og styrkedes ved Haabet om at naa et frit og frugtbart Land, hvor de kunde have Ro og tilbede Gud i Fred.

Noget lignende er den Kristnes Haab om Himmelen — kun at den ikke er et uopdaget Land; men dens Yndighed kan ikke sammenlignes med noget vi kjender til paa Jorden. Maaske intet andet end vort Syns korte Rækkevidde hindrer os fra at se de himmelske Porte allerede aabnede for os, og intet andet end vore Ørers Døvhed hindrer os fra at høre de himmelske Klokkers glade Klang. Der er altid Lyd omkring os, som vi ikke kan høre, og Himmelen er fuld af klare Stjerner, som vi aldrig har seet. Lidet som vi ved om dette klare og skinnende Land, kommer dog Glimter af dets Skjønhed af og til til os.

  Skjønt vi ei ved, hvor sød dets Luftkreds er,
    Hvor lys og smuk dets Roser;
  Skjønt vi ei høre Sangens Gjenlyd der
    Fra Andighedens Aaser;—

  Skjønt Stadens blanke Taarne vi ei se
    Med vort kortsynte Øie;
  (Thi Døden — stille Vægter — Portene
    Kun aabner efter Nøie)

Dens Haab.

Dog naar jeg ofte Blikket retter hist
  Mod Solens røde Dalen,
De gyldne Porte stille aabnes vist,
  Jeg kiger ind i Salen.

Og mens et Øieblik de aabne staa,
  Et Glimt af Herligheden
Mit Øie naar fra Himlens Hvælving blaa—
  Bebuder Saligheden.

Reisende, der har klatret opad Alperne, paastaar at kunne se Landsbyer i stor Afstand meget tydelig, ja at endog Vindusruderne i Kirkevinduerne kan tælles. Afstanden synes saa kort, at det Sted, som Reisende begiver sig til, synes næsten ved Haanden, men efter flere Timers Klatren synes det dog ikke nærmere. Dette grunder sig paa Luftens Klarhed. Ved Udholdenhed naaes dog Bestemmelsesstedet tilsidst, og den trætte Reisende finder Hvile. Paa samme Maade befinder vi os ofte paa Naadens Høider; Himmelen synes meget nær, og Zions Høider er fuldstændig i Sigte. Undertiden skjules dog Udsigten af Skyer og Taage, der foraarsages ved Lidelser og Synd. Vi befinder os dog lige nær Himmelen i det ene Tilfælde som i det andet, og vi kan være lige forvissede om at naa derhen, hvis vi blot fortsætter Løbet paa den Vei Kristus har anvist.

Jeg har læst om, at ved det adriatiske Havs Kyster pleier Fiskernes Hustruer, naar deres Mænd er ude paa Havet, at begive sig til Stranden om Aftenen og der istemme med sin yndige Stemme et Vers af en eller anden vakker Sang. Derpaa lytter de, indtil de hører

Himmelen

Tonerne af det andet Vers, sunget af deres brave Mænd, som de slynges omkring paa det oprørte Hav, viftede af Vinden hen over Bølgerne, – og alle føler sig lykkelige. Maaske, dersom vi vilde lytte, kunde ogsaa vi høre i denne af Storm oprørte Verden en eller anden Lyd – en eller anden Hvisken – tilvistet os fra det Fjerne for at bebude os, at der er en Himmel, som er vort Hjem; og naar vi synger vore Sange ved Jordens Kyster, maaske vi kan høre deres søde Gjenlyd klinge hen over Tidens Sand til Opmuntring for dem, der er Pilegrimme og Fremmede paa Veien. Ja, vi behøver at skue opad – ud over denne lave Jord – og at bygge høiere i vore Tanker og Handlinger endog her!

Man ved, at naar nogen vil gaa op i en Luftbalon, medtager han Sand som Ballast, og naar han ønsker at gaa lidt høiere, udkaster han lidt deraf og vil derpaa stige høiere; han udkaster, lidt mere Ballast, og stiger endda høiere og jo mere han udkaster jo høiere stiger han. Paa samme Maade: jo mere vi bortkaster af denne Verdens Ting, jo nærmere kommer vi Gud. Lad dem fare! Lad os ikke give dem vort Hjerte og vor Kjærlighed, men gjøre, hvad Mesteren befaler os: samle os Skatte i Himmelen.

I England blev jeg fortalt om en Dame, som havde været sengeliggende i mange Aar. Hun var en af de Hellige, som Gud ved Lidelser gjør skikket for sit Rige;– thi jeg tror, at der gives mange Hellige i denne Verden, som vi aldrig hører noget om; vi ser aldrig deres Navne udbasunerede i Aviserne; de lever meget nær Mesteren; de lever meget nær Himmelen; og jeg tror der kræves langt mere Naade til at lide Guds Vilje end til at udføre den; og hvis en Person ligger paa Sygesengen og lider uden

Dens Haab.

Knurren, er det ligesaa velbehageligt for Herren, som om han gik ud og arbeidede i hans Vingaard.

Nu, denne Dame var en af disse Hellige. Hun sagde, at i lang Tid fandt hun megen Fornøielse i at iagttage en Fugl, der kom og byggede sit Rede nær hendes Vindu. Et Aar kom den for at bygge sit Rede og begyndte at bygge saa langt nede, at hun frygtede for, at det vilde gaa Ungerne ilde, og hver Dag, hun saa Fuglen syslelsat med at bygge sit Rede, pleiede hun at sige: "O Fugl, byg høiere!" Hun kunde se, at Fuglen vilde vederfare en Ulykke. Endelig fik den Redet færdigt og lagde sine Eg og udklækkede sine Unger, og hver Morgen saa hun ud for at erfare, om Redet var der, og hun saa den gamle Fugl bringe Føde til Ungerne, og det gav hende megen Fornøielse at iagttage dem. Men en Morgen, da hun saa ud af Vinduet, var intet andet at se end Fjær spredte omkring, og hun sagde: "Af! Katten har taget den gamle Fugl og alle Ungerne." Det vilde have været en Velgjerning at have nedrevet Redet. Det er netop, hvad Gud ofte gjør for os — borttager vore Skatte, førend det er for sent. Nu, dette tror jeg er, hvad vi bør sige til dem, der bekjender sig at være Kristne: hvis I bygger for Tiden, vil I blive skuffede. Gud siger: byg her oventil. Det er meget bedre at have Livet i Gud med Kristo end noget andetsteds. Jeg vilde hellere have mit Liv skjult med Kristo i Gud end være i Eden, ligesom Adam var. Adam kunde have været i Paradis sexten tusen Aar og dog være falden; men hvis vort Liv er skjult i Kristo, hvor trygt er det da ikke!

Hjemmet

"Hjemme nu!" – paa Zions Bjerge,
    Hør det: " Gaa til Hvilen ind!"
Frelst ved Livets Krystalkilde,
    Frelst fra hver en Plet og Synd.

Fri for Fristelsernes Snarer,
    Ikke vaage ængst'lig mer,
Frydet ved fuldkommen Frelse,
    Bære Seirens Krone der.

Frelst i Herlighed at møde
    Elskte Kjære, vi har mist';
Frelst at bringe Jesus Ære,
    Synge Jubelsange hist.

Glad, vel mødt ved Perleporten,
    Stedse en velkommen Gjæst
Til det evige Livs Glæder
    I mit Hjem af alle best.

Det himmelske Kanaan.

Der er et rene Glæders Land,
    Hvor Hellige regjer',
Al Mørke drives fra dets Strand,
    Af evig Dagslys skjær;
I evig Vaar alt blomstrer der
    Og intet visner bort,
Blot Dødens Flod adskiller her
    Det skjønne Land fra vort.

Hinsides denne mørke Flod
    Staar alt i skjønnest' Pragt,
Saa for Guds Folk og Kana'n stod
    Mens Jordans Flod holdt Vagt.
Vi frygtsom' bæve nær at staa
    Ved Flodens steile Bred,
Og skjælve gjennem den at gaa,
    Tør ikke stige ned.

O, kunde vi blot Tviblens Ve
    Fra Hjertet drive fort,
Vort elskte Kana'ns Kyster se
    Med Sløret draget bort.
O, stode vi, hvor Moses stod
    Og saa det skjøne Land,
Ei Jordans Strøm, ei Dødens Flod
    Os skrækked' fra dets Strand.

Andet Kapitel.

Dens Indbyggere.

Og ingen Indbygger skal sige: Jeg er
syg; thi Folket, som bor derudi, har faaet
Misgjernings Forladelse (Es. 34. 24).

Samfundet i Himmelen vil bestaa af Udvalgte. Ingen, som studerer Skriften, kan betvivle det. Der gives mange Slags Storborgere i denne Verden, men Himmelens Storborgerskab er Hellighedens Storborgerskab. Den simpleste Troende paa Jorden vil blive en Storborger der. Det siges i syv-og-femtiende Kapitel af Esaias: "Thi saa sagde den Høie og Ophøiede, som bor evindeligen, og hvis Navn er helligt: Jeg vil bo i det Høie og Heilige og hos en Sønderknust og Fornedret i Aanden." Hvad kan være tydligere end dette? Ingen, der ikke er af en bodfærdig og ydmyg Aand, skal bo hos Gud i hans høie og heilige Stad.

Hvis der er noget, der bør bringe Himmelen nær de Kristne, da er det Bevidstheden om, at Gud og alle deres

Kjære vil blive der. Hvad er det, som gjør Hjemmet saa tiltrækkende? Er det, fordi vi har et vakkert Hus? Er det, fordi vi har et vakkert Grønsvær rundt det? Er det, fordi vi har vakre Træer omkring det? Er det, fordi vi har vakre Malerier paa Væggene? Er det, fordi vi har vakre Møbler? Er det alt, hvad der gjør Hjemmet saa tiltrækkende og vakkert? Nei, det er de Kjære derinde — det er de Elskede der.

Jeg husker, at da jeg havde været længe borte fra Hjemmet og reiste hjem for at besøge min agtede Moder, vilde jeg overraske hende og stjæle mig uventet hjem; men da jeg erfarede, at hun var reist bort, syntes det gamle Hjem slet ikke at være noget Hjem. Jeg gik først ind i et Værelse, saa i et andet og helt igjennem Huset, men kunde ikke finde den elskede Moder, og jeg spurgte nogen i Huset: "Hvor er Moder?" og jeg fik til Svar, at hun var reist bort. Vel, Hjemmet havde tabt sin Tiltrækning for mig; det var denne Moder, som gjorde Hjemmet saa sødt for mig, og det er de Kjære, som gjør Hjemmet saa sødt for os alle. Kristus er der; Gud, Faderen, er der; og mange, mange, som var os Kjære, medens de levede paa Jorden, er der, og vi vil snart samles med dem.

Vi erfarer tydelig af attende Kapitel af Matthæi Evangelium, tiende Vers, at Englene er der: "Se til, at I ikke foragter en af disse Smaa; thi jeg siger eder: Deres Engle i Himlene ser altid min Faders Ansigt, som er i Himlene."

"Deres Engle ser altid min Faders Ansigt!" Vi vil faa godt Selskab der — ikke blot dem, som er bleven forløste, men ogsaa dem, som aldrig var fortabte — dem, som aldrig har vidst, hvad det er at synde, — dem, som

Dens Indbyggere.

aldrig har vidst, hvad det er at være ulydig—, som har adlydt ham lige fra Skabelsens Morgen.

Det heder i første Kapitel af Lukas' Evangelium, at da Gabriel kom ned for at forkynde Sakarias, at han skulde blive Fader til Jesu Kristi Forløber, tvivlede Sakarias derpaa, og denne Tvivl mødegaaes med Erklæringen: "Jeg er Gabriel, som staar for Guds Aasyn." Hvor herligt at kunne sige dette!

Det er bleven sagt, at der er tre Ting, som vil forundre os, naar vi kommer til Himmelen: — først, at træffe mange, som vi ikke ventede at træffe der; dernæst, at erfare, at mange, som vi havde ventet at træffe, ikke er der; og endelig — maaske det mærkværdigste —, at vi selv befinder os der.

En fattig Kvinde sagde engang til Rowland Hill, at Veien til Himmelen er kort, let og simpel og bestaar kun af tre Skridt — ud af os selv, ind i Kristo og ind til Herligheden. Vi har en kortere Vei nu — ud af os selv og ind i Kristo, og vi er der. Ligesaa lidt som en Død kan tage et Landgods i Arv, ligesaa lidt kan en død Sjæl arve Himmelen. Sjælen maa opreises i Kristo. — Blandt de Gode, som vi haaber at træffe i Himmelen, siges der at skulle blive alle Slags Karakterer. Der er ikke een Bolig der, men mange. Der er ikke een Port til Himmelen, men mange. Der er ikke blot tre Porte mod Norden, men tre mod Østen og tre mod Vesten og tre mod Syden. Fra modsatte Retninger af det theologiske Kompas — fra modstridende Standpunkt i den religiøse Verden, fra forskjellige Kvarterer af Sysler og Karakterer — gjennem forskjellige Udtryk for sin fælles Tro og Haab — gjennem forskjellige Omvendelsesmaader

– gjennem forskjellige Dele af den hellige Skrift vil de trætte Reisende indgaa i den himmelske Stad og møde hverandre – "ikke uden Forundring" – ved Bredderne af samme Livsens Flod. Og ved disse Bredder vil de finde et Træ med Frugt – ikke altid samme Frugt til alle Tider, men "tolv Slags Frugt" for hvert Slags Sind – for den taalmodige Lidende, for den flitige Tjener, for den hellige og ydmyge Filosof, for de Retfærdiges Aander nu fuldkommengjorte; og "Træernes Blade skal være til Helbredelse" – ikke for et enkelt Kirkesamfund eller Folk alene – ikke for Skotlænderen eller Englænderen alene, men "til Helbredelse for alle Folkeslag" – for Franskmændene, Tyskerne, Italienerne, Russerne – for alle, fra hvem dets Frugt maaske har været længst borte i denne Verden, men som dog har "hungret og tørstet efter Retfærdighed," og som derfor "skal blive mættede."

En fremragende nulevende Theolog siger: "Medens jeg var en Dreng, tænkte jeg paa Himmelen som en stor, skinnende Stad med store Mure og Kupler og Taarne og ingen anden deri end hvidklædte Engle, der var fremmede for mig. Snart døde min lille Broder, og jeg tænkte paa en stor Stad med Mure og Kupler og Taarne og en Skare ukjendte Engle og en liden Fyr, hvem jeg kjendte. Han var den eneste jeg kjendte den Gang. Senere døde en anden Broder, og der var to, som jeg kjendte. Senere døde flere af mine Bekjendte, og den lille Flok forøgedes stadig. Men det var ikke, førend jeg havde sendt et af mine egne Børn til den himmelske Fader, at jeg begyndte at tænke paa, at jeg selv havde nogen der. Et andet Barn døde, saa et tredje, saa et fjerde, og ved denne Tid havde jeg saa mange Bekjendte i Himmelen, at jeg ikke længer saa nogen Mure, Kupler og Taarne. Jeg begyndte at tænke paa Indbyggerne af den himmelske Stad som mine Venner. Og nu er saa mange af mine Venner dragne derhen, at det undertiden forekommer mig, at jeg kjender flere Folk i Himmelen end paa Jorden."

Vi skal leve forevigt.

Der siges i Joh. 12. 26: "Om nogen vil tjene mig, da følge han mig, og hvor jeg er, der skal ogsaa min Tjener være."

Jeg kan ikke være enig med nogle Folk om, at Paulus har sovet i Graven og er der endnu efter atten Aarhundreders Storme.

Jeg kan ikke tro, at han, som elskede sin Mester, — som havde en saadan brændende Nidkjærhed for ham —, har været skilt fra ham i en bevidstløs Tilstand. "Fader, jeg vil, at de, som du har givet mig, skulle være hos mig, hvor jeg er, at de maa se min Herlighed, som du har givet mig." Dette er Kristi Bøn.

Naar nogen tror paa den Herre Jesum Kristum, erholder han evigt Liv. Mange Folk begaar her en Feiltagelse. "Den, som tror paa Sønnen har"—h=a=r—har "det evige Liv;" det siges ikke, at han skal faa det, naar han dør; Ordet har Nutidsform; det er mit nu, — hvis jeg tror. Det er Guds Gave, det er nok. Du kan ikke begrave Guds Gave; du kan ikke begrave evigt Liv. Alle Gravere i Verden kan ikke grave en Grav stor nok og dyb nok til at holde det evige Liv; alle Ligkistemagere i Verden kan ikke gjøre en Ligkiste stor nok og stærk nok til at holde det evige Liv; det er mit, det er mit!

Himmelen

Jeg tror, at naar Paulus sagde: "At være fraværende fra Legemet og nærværende hos Herren," mente han, hvad han sagde, — at han ikke vilde blive skilt fra ham i atten hundrede Aar; den Aand, som blev given ham, da han blev omvendt, var fra et nyt Liv og en ny Natur, og den kunde ikke nedlægges i et Gravkammer,— den kunde ikke begraves —, den bortfløi for at møde sin Skaber. Selv Legemet skal opstaa; dette Legeme, saaet i Vanære, skal opstaa i Herlighed; dette Legeme, der har kjendt Forkrænkelighed, skal iføres Uforkrænkelighed, og dette Dødelige skal iføres Udødelighed. Spørgsmaalet er blot: naar vil det ske? Verdens store Morgen vil engang oprinde over Jorden, og de Døde skulle opstaa og høre Hans Røst, der er "Opstandelsen og Livet."

Paulus siger: "Om vort jordiske Tabernakels Hytte opløses, har vi en Guds Bolig — et Hus, der ikke er gjort med Hænder, evigt i Himlene." Han kunde nedrive Lerhytten og forlade den, men han havde et bedre Hus. Han siger paa et andet Sted: "Jeg staar tvivlraadig mellem tvende Ting, idet jeg har Lyst til at vandre herfra og være med Kristo, thi det var saare meget bedre; men at forblive i Kjødet er mere nødvendigt for eders Skyld." For mig er det en sød Tanke, at Døden ikke stiller os fra Mesteren. Mange Folk lever stedse i Dødens Fangenstab; men hvis jeg har evigt Liv, kan ikke Døden berøve mig det; den kan berøve mig det Hus jeg bor i; den kan forvandle mit Ansigt og sende mit Legeme bort for at lægges i Graven, men den kan ikke røre dette nye Liv.

Det gjør mig ondt, at saa mange, der bekjender sig at være Kristne, skal betragte Døden, som de gjør. Jeg modtog for nogen Tid siden et Brev fra en Ven i London,

Dens Indbyggere.

og det faldt mig ind, da jeg læste det, at jeg burde vise det til andre for at erfare, om ikke ogsaa de vilde betragte Døden paa samme Maade som min Ven. Han havde mistet sin kjære Moder. I England er det meget almindeligt at udsende Kort til Erindring om den Afdøde, og disse Kort forsynes med en bred, sort Rand rundt Kanterne — undertiden en Fjerdedels Tomme bred sort Rand —, men denne Ven havde forsynet Kortet med en forgyldt Rand — stet ingen sort Rand; hans Moder var gaaet til den gyldne Stad, og derfor forsynede han Kortet med en gylden Rand, og jeg anser den en hel Del bedre end en sort Rand. Jeg tror, at naar vore Venner dør — istedetfor at forsyne vore Mindetavler med en sort Rand rundt omkring for at give dem et mørkt Udseende — bør vi forsyne dem med forgyldte Kanter.

Det er jo slet ingen Død; det er Liv. Nogen sagde til en døende Person: "Vel, du befinder dig endnu i de Levendes Land." "Nei," svarede han, "jeg er endnu i de Døendes Land, men jeg er paa Vei til de Levendes Land." Folk lever der og dør aldrig. Dette er et Syndens og Dødens og Taarernes Land, men deroppe er ingen Død; der er evigt Liv, der er uophørlig Salighed.

"Det er herligt at dø," var Hanna Moores Vidnesbyrd paa Dødssengen, stjønt hendes Liv havde været rigelig velsignet med de dyrebareste Venskabsbaand, og Alderen havde ikke i den Grad svækket hendes Hukommelse, at hun havde forglemt de smaa Landsbyer blandt sin Fødeegns Klipper eller de Missionsskoler, som hun med saa megen Udholdenhed havde grundlagt, og hvor Savnet af hende vilde blive følt saa tungt.

Som James Montgomery har sagt:

Himmelen

Der er et blødt og yndigt Leie,
   Saa sødt som Aftenluftens Pust,
Og det vil Dødelige eie,
   Naar de forlader Jordens Veie
Og naar til Himlens blive Kyst.

   Der er en salig Hvilens Time
For sorgbetyngte Vandringsmand.
   Der er et Skjul mod Angstens Pile
Og Lægedom for Sorg og Pine
   I Himlens, Hvilens, Fredens Land.

Venners Gjenkjendelse.

Mange Folk ønsker gjerne at vide, om de vil gjenkjende sine Venner i Himmelen. I ottende Kapitel af Matthæi Evangelium, ellevte Vers, læser vi: "Men jeg siger eder, at mange skulle komme fra Østen og Vesten og sidde tilbords med Abraham, Isak og Jakob i Himmeriges Rige."

Heraf erfarer vi, at Abraham, der levede mange hundrede Aar før Kristus, var gjenkjendelig, og Kristus siger os, at den Tid skal komme, da Folk skal komme fra Østen og Vesten og sidde tilbords med Abraham, Isak og Jakob i Guds Rige. Disse Mænd havde ikke tabt sin Identitet; de var kjendte som Abraham, Isak og Jakob. Og hvis du vil læse om det mærkværdige Skue, der fandt Sted paa Forklarelsens Bjerg, vil du erfare, at Moses, som havde forladt Jorden femten hundrede Aar forud, var der; Peter, Jakob og Johannes saa ham paa Forklarelsens Bjerg; de saa ham som Moses; han havde ikke mistet sit Navn. Kristus siger om den, som seirer:

Dens Indbyggere.

"Jeg vil ikke udslette eders Navne af Livsens Bog." Vi vil have Navne i Himmelen, — vi vil beholde vore Navne der, — vi vil blive gjenkjendte.

I Salmernes Bog siges det: "Jeg skal mættes, naar jeg vaagner i din Lignelse." Det er nok. Mangel er skreven paa ethvert menneskeligt Hjerte hernede, men der skulle vi mættes. Du kan søge gjennem Verden fra dens ene Ende til den anden, og du vil ikke kunne finde en eneste Mand eller Kvinde, som er tilfreds; men i Himmelen vil vi ikke mangle noget. I andet Kapitel af Johannes' første Brev læser vi disse Ord rettede til Jesu Efterfølgere: "I Elskelige, nu er vi Guds Børn, og det er endnu ikke aabenbaret, hvad vi skulle vorde; men vi vide, at naar han aabenbares, vi da skulle vorde ham lige; thi vi skulle se ham, som han er. Og hver, som har dette Haab til ham, rense sig selv, ligesom Han er ren."

Det er desuden meget sandsynligt, ja, jeg tror det læres tydelig i Skriften, at mange ligegyldige Kristne vil inkomme i Himmelen. Der vil blive mange, som vil indkomme kun "ved et Haars Bred," eller som Lot blev reddet ud af Sodomma: "som ved Ild." De vil med Næppe komme ind, men der vil ikke blive nogen Glædesfest. Men ikke enhver vil kunne trænge sig ind i Himmelen; der er mange, som ikke vil kunne indgaa der. Du ved, at der gives visse Folk, som fortæller os, at de vil indgaa i Himmelen, enten de er omvendte eller ikke; de fortæller os, at de er paa Veien,—at de begiver sig derhen; de siger os, at alle er paa Vei til Himmelen, og at alle vil blive der, — at der er ingen Forskjel, med andre Ord — hvis vi maa tillades at bruge tydelige Ord — de gjør Gud til Løgner.

Men, siger de: vi tror paa Guds Naade; det samme gjør

jeg. Jeg tror ogsaa paa Guds Retfærdighed, og jeg tror Himmelen vilde blive en hel Del værre end denne Jord, hvis uigjenfødte Mennesker skulde tillades at samles der.

Hvad! hvis en Person skulde tillades at leve bestandig i Synden i denne Verden, hvad vilde der blive af denne Verden? Det synes, som om den vilde blive et Helvede. Gjenkald i Erindringen lidt af dette Lands Histori, og husk paa nogle af disse Mænd, som har levet her. Sæt, om de ikke var døde; sæt, at de kunde have levet bestandig i Synd og Oprør. Tror du, at Gud vil modtage dem, som har forkastet hans Søn, som har bortstødt Frelsen og har traadt hans Lov under sine Fødder, og har gjort Oprør mod hans Love hernede. Tror du, at Gud vil modtage dem lige ind i sit Rige og lade dem leve der forevigt? Ingenlunde!

Ingen Drankere i Himmelen.

"Lader eder ikke bedrage....hverken Tyve, eiheller Gjerrige, eiheller Drankere, eiheller Bespottere, eiheller Aagerkarle skulle arve Guds Rige."

Ingen Dranker skal arve Guds Rige. Lad de Mødre, der har Sønner, som netop er iscærd med at begynde et udsvævende Liv, vaagne op og ikke hvile Dag eller Nat, førend deres Sønner blive omvendte ved Guds Naades Kraft, fordi ingen Drankere skal arve Guds Rige. Mange af disse Maadeholdsmænd vil blive Drankere; ingen er nogensinde bleven en Dranker paa een Gang. Hvorledes Djævelen forblinder disse Maadeholdsmænd! Jeg ved ikke af nogen Synd, der saaledes gjør Mennesket til sin

Dens Indbyggere.

Slave, som Drukkenskabslasten; Mennesket bindes paa Hænder og Fødder, før det selv ved af det.

Jeg læste for nogen Tid siden om Slangetilbedelse i Indien. Jeg syntes, det var noget frygteligt. Jeg læste om en Moder, som saa en Slange komme ind i Værelset og vinde sig omkring hendes sex Maaneder gamle Barn, og hun ansaa Slangen saa hellig, at hun ikke vovede at røre den; hun saa den dræbe Barnet — hørte dets hjerteskjærende Skrig, men vovede ikke at redde det. Min Sjæl blev oprørt, da jeg læste det. Men jeg ved ikke, om vi ikke her i Amerika har noget, som er lige saa galt som Slangedyrkelsen i Indien — Slanger, der trænger sig ind i mange Kristnes Hjem og vinder sig rundt mangen Søn og binder ham paa Hænder og Fødder, medens Fader og Moder synes at sove.

O, maatte Guds Aand opvække os! Ingen Drankere skal arve Guds Rige — eiheller nogen Krovært. Husk paa det. "Ve dem, som fører Flasken til sin Næstes Mund." Jeg beklager enhver, som bekjender sig at være en Kristen og udleier sine Huse til Udskjænkningssteder,— jeg beklager dem af ganske Hjerte. Hvis du nogensinde venter at arve Guds Rige, ophør dermed. Hvis du ikke kan udleie dit Hus til bedre Brug, lad det staa tomt. Denne Anskuelse, at alt er vel, og at alle vil indgaa i Guds Rige, enten de omvender sig eller ikke, læres ikke nogetsteds i Skriften.

Der vil ingen Aagerkarle blive i Himmelen — ingen af dem, der tager Fordel af sine Brødre — af dem, der har været uheldige, — hvis Familje er syg, — som har maattet pantsætte sin Eiendom, der pludselig bliver dem berøvet ved Udpantning af en eller anden Mand, som har faaet sin Haand paa deres Strube og tager hver eneste Cent han

Himmelen

kan lægge sin Haand paa. Denne Mand er en Aagerkarl; han skal ikke arve Guds Rige. Jeg beklager den Mand, som erhverver sig Penge paa en uhæderlig Maade. Læg Mærke til, hvor vanskelig det er for ham at beholde dem. De vil sikkert tabes. Hvis du erhverver dem uærligt, kan du ikke beholde dem, — du er ikke istand dertil. Det sees over hele Landet. Enhver, der kommer i Besiddelse af en Dollar paa en uærlig Maade, burde strax betale den tilbage, ellers vil den brænde i hans Lomme.

Nogle vil ikke komme ind.

Vi læser om Noah, at han seilede over Syndflodens Vande. Han var den eneste retfærdige Person; men ifølge nogle Folks Anskuelser modtog Gud i Himmelen alle de øvrige Personer, der var saa slette og ugudelige — for ugudelige til at leve paa Jorden —, og lod den eneste retfærdige Mand gjennemgaa denne Prøvelse. Drankere og Tyve og Lediggjængere indgik alle i Himmelen, siger de. Man kunde lige saa gjerne gaa ud og prædike, "at man kan sværge, saa meget man lyster, og myrde saa meget man ønsker, og dog vil alt gaa godt — Gud vil tilgive alt — Gud er naadig."

Sæt, at en Statsguvernør vilde benaade enhver Person, som Domstolene havde fundet skyldig og sendt til Fængsler og Straf=anstalter; sæt, at han vilde løslade dem alle, fordi han var saa medlidende, at han ikke kunde taale at lade dem straffes; jeg tror ikke, at han længe kunde være Guvernør. Disse Folk, der taler saa meget om, at Gud er naadig,— at han vil spare Synderen og modtage alle i Himmelen —, vilde være de første til at

Dens Indbyggere.

erklære, at en saadan Guvernør burde afsættes, — at han ikke burde være Guvernør længer. Lad os huske paa, at Skriften siger, at der er en vis Klasse Mennesker, som ikke skulle arve Guds Rige. Nu vil jeg henvise til Skriften; det er langt bedre at anføre Skriftens Ord, og hvis man da ikke er tilfreds, kan man trætte med Skriften — ikke med mig. Lad ingen sige, at jeg har dømt om, hvem der skal indgaa i Himmelen, og hvem, der ikke skal indgaa deri, — jeg vil lade Skriften tale: "Vide I ikke, at de Uretfærdige skulle ikke arve Guds Rige?" (1 Cor. 6. 9).

Men de Uretfærdige — Horkarlene, Skjørlevnerne og Tyvene — alle disse kunne arve Guds Rige, hvis de blot vil omvende sig fra sine Synder. "Lad den Ugudelige forlade sin Vei og den Uretfærdige sine Tanker." Men hvis den Uretfædige siger: "Jeg vil ikke omvende mig fra Synden, jeg vil holde fast ved Synden og gaa til Himmelen," bedrager han sig selv.

En Mand, der stjæler min Lommebog, taber en hel Del mere, end jeg gjør. Maaske han vil faa nogle faa Dalere; eller han kan stjøle min Frakke; men han vil ikke vinde meget. Se, hvor meget han har tabt. Undersøg, hvormeget denne Mand taber, hvis han taber Himmelen. Betænk dette. Ingen Tyv skal arve Guds Rige. Til en Tyv vilde jeg sige: Stjæl ikke mere. Lad ham bede Gud om Tilgivelse; lad ham omvende sig fra sine Synder og vende sig til Gud. Hvis du opnaar evigt Liv, er det værd mere end hele Verden. Om du kunde stjæle hele Verden, vilde du dog ikke erholde meget. Hele Verden beløber sig ikke til meget, hvis du ikke faar evigt Liv med den, saa at du kan blive salig hisset.

De hvidklædte Hellige.

Af Anna Shipton.

Hvem er de, hvis Sange klinge
    Til Guldharpers Toner blid'?
Lyt, om Naade de nu synge —
    Om Jehovas Kjærlighed.

Hvem er de, vi se der stande
    Omkring Tronen i en Kreds?
De fra Prøvelser er gangne
    Til sin evig' Hvile hist.

De har Klæder, hvide, klare,
    Uden Rynke eller Plet;
De har Kroner underbare:
    Lammets Død dem kjøbte det.

Aldrig Hede skal dem trykke,
    Tørst og Hunger ei dem naa;
Han, som dem fra Døden rykte,
    La'r dem i sin Bolig bo.

Svage Hjerter har nu Styrke,
    Lamme Ben nu trygge staa.
Nu med Seierspalmer dyrke
    De sin Gud — de haded' Faa.

Det er det Gudf Lam, dem føder,
    Ham de tjene Dag og Nat;
Til Vandkilder han dem leder,
    Deres Taarer tog han bort.

Sødt er deres glade Omkvæd:
    "Saliggjørelsen er Kristf!"
Jordens Trængsels bitre Udsæd
    Er til Lovsang bleven hist!

Naar vi naa hjem

Naar vi naa hjem fra hver Smerte og Sorg
    Til Englenes Land og vor Skat,
Hvilket kjært Møde paa Himmelens Borg,
    I hint Land uden Skygger og Nat.
Smerte og Synd og hvert Suk er forbi,
    Naar vi gjennem Gravens Port gaa;
Skræk og Besvær, vi forlade skal her,
    Og vi Hvile i Hjemmet da faa.

Naar vi naa hjem til vor Bolig hist der
    Med Kjære, gaaet foran did hen,
Hvo kan udsige den Fryd, som det er,
    Evigt glædes der med hver en Ven!
Saliges Fryd og Forløserens Smil
    Og Elskedes Haandtryk saa kjær,
Findes for os og vi skal da derhos
    Evigt nyde vor Salighed der.

Naar vi naa hjem, paa hin Morgen saa blid,
    Da ud fra den gyldne Stad vil
Engle fremile, at hente glad did
    Jesu Faar, de som høre ham til;
Er du da der, Broder, frelst, fri og glad?
    O, eller fortabt og forladt?
Hvad vælger du? Jordens Glæder blot nu?
    Eller Himlen, dens Ro og dens Skat?

Tredje Kapitel.

Dens Salighed.

Hvad intet Øie har seet, hvad intet Øre har hørt, og som ikke er opkommet i noget Menneskes Hjerte: hvad Gud har beredt dem, som ham elske (1 Cor. 2. 9; Es. 64. 3).

Hvis der gives eet Ord, der fremfor noget andet vil aabne de evige Porte, da er det Navnet Jesus. Der gives mange Stikord og Løsen hernede, men det vil blive Løsenet deroppe. Jesus Kristus er "den aabne Port" til Himmelen. Enhver, der søger at klatre ind ad nogen anden Vei, er en Tyv og en Røver. Men naar vi kommer derind, hvilken Glæde — over enhver anden Glæde vi kan tænke os — vil det ikke blive at se Jesum selv og og altid og stedse være hos ham!

Esaias har givet dette Guds Løfte til enhver, der bliver frelst ved Tro: "Dine Øine skal se Kongen i hans Skjønhed; de skal se et Land, der er meget langt borte."

Nogle af os vil nok ikke formaa at reise rundt Jorden; vi vil maaske ikke have Anledning til at se mange fremmede Lande; men enhver Kristen vil om nogen Tid kunne se et Land, der er meget langt borte. Det er vort forjættede Land. John Milton siger om Hellige, der allerede er gangne derhen:

"De vandre med Gud
I høien Himle – freiste og salige."

Det er et yndigt Klimat deroppe. Folk ser sig her meget om efter et godt Klimat, hvor de ikke vil blive plagede af Smerte og Pine, men Klimatet i Himmelen er saa godt, at ingen Smerte eller Pine kan være der. Der vil ikke blive Anledning til at finde noget at udsætte derpaa. Vi skal efterlade al Smerte og Pine bag os og finde evig Sundhed, der er ukjendt paa Jorden.

Men du ved, at Kristi Herlighed som Himmelens herskende Konge vilde være utaalelig for dødelige Øine. I første Timotheus, sjette Kapitel, læser vi om Kristo som: "Den Salige og alene Mægtige, den Kongernes Konge og Herrernes Herre...., som alene har Udødelighed,– som bor i et Lys, til hvilket ingen kan komme, – hvem intet Menneske har seet, ikke Heller kan se."

Som Dødelige kan vi ikke se hint Lys. Vore svage Evner vilde blændes af en saadan Herlighedsglands.

I Esekiel, 1. 28, læser vi om, at denne Profet havde et svagt Glimt deraf: "Som Buens Skikkelse, naar den er i Skyen paa den Dag, naar det regner, saa var Glandsens Skikkelse trindt omkring; denne var Herrens Herligheds Lignelses Syn; og jeg saa det og faldt paa mit Ansigt."

Dens Salighed.

Vi forbauses nu over almindelig Fuldkommenhed. Ingen af os kan stirre paa Solen med blotte Øine. Men naar dette Forkrænkelige iføres Uforkrænkelighed, som Paulus siger, vil Sjælens Kræfter blive stærkere. Vi vil da blive istand til at se Kristum i hans Herlighed. Om end Maanen bliver stillet i Skyggen og Solen gjort tilskamme, skal vi dog se ham, som han er. Det er dette, som vil gjøre Himmelen saa salig. Vi alle ved, at stor Lykke kan ikke findes paa Jorden. Fornuften, Aabenbaringen og sex tusen Aars Erfaring lærer os dette. Intet menneskeligt Væsen har Magt til at give os den. Selv at gjøre godt gjør os ikke helt lykkelige; thi paa Grund af Synden i Verden, har ikke selv de Bedste fuldkommen Lykke her. De maa vente paa Himmelen, stjønt de undertiden kan være saa nær den, at de kan se Tegn paa dens Salighed og Skjønhed, ligesom Columbus saa de fremmede og smukke Fugle rundt sit Skib, længe før han fik Amerika i Sigte.

Al vor Salighed i Himmelen vil bero paa Guds Nærværelse. Dette er Hovedtanken i alt, hvad Skriften har at sige om dette Emne. Hvad Livet her paa Jorden vilde være uden Sundhed, vilde Livet i Himmelen være uden Guds Nærværelse. Guds Nærværelse vil blive dens Lys og Liv. Det siges, at et af de Ord, hvormed Guds Nærværelse beskrives, bør oversættes "et saliggjørende Skue." Det vil blive lig Synet af en længe tabt Søn for Moderen eller det første Glimt af Hjemmet, naar du har været længe borte. Nogle af eder ved, hvorledes lidt Solskin paa en mørk Dag eller en god Vens Ansigt under Modgang ofte opmuntrer eder. Det vil blive noget lignende – kun tusinde Gange bedre. Vor Erkjendelse af Gud vil da blive klarere, og det vil bevæge os til at elske ham saa meget mere.

Himmelen

Jo mere vi kjender Gud, jo mere elsker vi ham. Mange af os vilde elske Gud mere, hvis vi kun kjendte ham bedre. Det er ofte en stor Glæde for de Kristne her paa Jorden at tænke paa Jesu Kristi Fuldkommenhed, men hvad vil det ikke blive, naar vi ser ham, som han er?

Vi skal blive lig Kristum.

Nogen spurgte engang en Kristen, hvad han ventede at bestille, naar han kom til Himmelen. Han svarede, at han ventede at tilbringe det første tusen Aar med at betragte Jesum Kristum, og derefter vilde han se sig om efter Peter, derpaa efter Jakob, derpaa efter Johannes, og al den Tid han kunde danne sig noget Begreb vilde blive optaget med at betragte disse store Personer. Men det forekommer mig, at et Blik paa Jesum Kristum vil mere end lønne os for alt, hvad vi nogensinde har gjort for ham hernede — for alle Opofrelser vi nogensinde kan gjøre for ham — kun at se paa ham — kun at se ham. Men vi skal blive lig ham, naar vi engang har seet ham, fordi vi skal have hans Aand. Jesus, Verdens Frelser, vil blive der, og vi skal se ham Ansigt til Ansigt.

Det vil ikke blive Perleportene eller Jaspismurene eller Gaderne brolagte med gjennemsigtigt Guld, der vil gjøre Stedet til en Himmel for os. Disse Ting vilde ikke tilfredsstille os. Hvis dette var alt, vilde vi ikke ønske at forblive der forevigt. Jeg har hørt om et Barn, hvis Moder var meget syg, og da hun befandt sig yderst ilde, tog en Nabokone Barnet for at beholde det, indtil Moderen blev frisk. Men istedetfor at blive bedre døde Moderen,

Dens Salighed.

og hun besluttede ikke at bringe Barnet tilbage før efter Begravelsen og vilde ikke sige det, at Moderen var død.

Nogen Tid efter bragte man Pigen hjem. Hun gik først ind i Dagligstuen for at finde Moderen; derpaa gik hun ind i Forstuen, og hun gik fra den ene Ende af Huset til den anden uden at finde Moderen. Endelig udbrød hun: "Hvor er Mamma?" Og naar man fortalte hende, at hendes Moder var vandret bort, vilde den Lille gaa tilbage til Naboens Hus igjen. Hjemmet havde tabt sin Tiltrækning for hende, naar hendes Moder ikke længere var der.—Nei, det vil ikke blive Jaspismurene og Perleportene, der vil gjøre Himmelen tiltrækkende. Det vil blive Samfundet med Gud. Vi skal blive i Forløserens Nærværelse; vi skal altid være med Herren.

Der var en Tid, da jeg pleiede at tænke høiere om Jesum Kristum end om Faderen; Kristus syntes at være mig saa meget nærmere, fordi han var bleven Mægleren mellem mig og Gud. I min Indbildning stillede jeg Gud paa Tronen som en streng Dommer, men Kristus var kommen imellem som en Mægler, og det forekom mig, at Kristus var mig meget nærmere end Gud=Fader. Jeg kom over dette for flere Aar siden, da Gud gav mig en Søn, og i ti Aar havde jeg en eneste Søn, og naar jeg betragtede dette Barn, som han voxte op, opkom den Tanke hos mig, at det krævede mere Kjærlighed hos Gud til at opgive sin Søn, end der krævedes hos Sønnen til at dø. Betænk, hvilken Kjærlighed Gud havde for denne Verden, da han opgav Kristum!

Hvis du vil slaa op i Apostlernes Gjerninger, syvende Kapitel og fem=og=femtiende Vers, vil du erfare, at da Stefanus blev stenet, opløftede han sine Øine, og det syntes,

Himmelen

som om Gud rullede Tidens Forhæng tilside og tillod ham at se ind i den evige Stad og se Kristum staaende ved Guds høire Haand. Da Kristus opfor til Himmelen, beseirede han Døden og tog sit Sæde; thi hans Værk var fuldendt; men da Stefanus saa ham, var han staaende, og jeg kan tænke mig, at han saa hin Martyr kjæmpe saa at sige alene — den første Martyr, der senere fulgtes af mange andre. I kan høre Fodtrinene af de mange Millioner, der kom efter ham for at ofre sit Liv for Guds Søn; men Stefanus gik forud; han var den første Martyr, og da han døde for den Herre Jesum Kristum, saa han op; Kristus blev staaende for at modtage ham, og den Helligaand kom ned for at bære Vidnesbyrd om, at Kristus var der. Hvorledes kan vi da tvivle derpaa?

En Tigger føler sig ikke meget glad over at betragte et Palads. Arkitekturens Storartethed er spildt paa ham. At betragte et kongeligt Festmaaltid tilfredsstiller ikke en sulten Mands Hunger. Men at se Himmelen er at have Del deri. Der vilde ikke være nogen Salighed der, hvis vi ikke følte, at en Del deraf tilhørte os. Gud forener Sjælen med sig selv. Vi læser i andet Petri Brev, at vi delagtiggjøres i den guddommelige Natur. Hvis du lægger et Stykke Jern i Ilden, taber det snart sin mørke Farve og bliver rødt og varmt som Ilden, men det taber ei sin Beskaffenhed som Jern. Saaledes bliver Sjælen klar af Guds Klarhed, skjøn af Guds Skjønhed, ren af Guds Renhed, og varm af hans fuldkomne Kjærligheds Varme, og dog forbliver den en menneskelig Sjæl. Vi skal blive ham lige, men dog forblive os selv.

Der er en Fabel om en godhjertet Konge, som engang drog ud i Skoven paa Jagt og fandt en blind forældreløs

Dens Salighed.

Dreng, der levede næsten som et Dyr. Kongen blev rørt til Medlidenhed og adopterede Drengen som sin egen og lod ham undervise i alt, hvad en blind Person kan lære. Da han opnaaede sit en-og-ty-vende Aar, helbredede Kongen, der tillige var en kyndig Læge, hans Blindhed og tog ham til Paladset, og i Nærværelse af sine Adelsmænd og under sit Hoffs prægtige Omgivelser erklærede han ham for sin Søn og befalede alle at ære og elske ham som saadan. Den engang venneløse forældreløse Dreng blev saaledes en Prins og delagtig i den kongelige Storhed og al den Lykke og Herlighed, som findes i et kongeligt Palads. Hvem kan fatte den Glæde, som overvældede hin unge Mands Sjæl, da han første Gang saa Kongen, om hvis Skjønhed og Godhed og Magt han havde hørt saa meget? Hvem kan fatte den Lykke han maa have følt, da han saa sin egen fyrstelige Dragt og erfarede, at han var optagen i den kongelige Familje — agtet og elsket af alle?

Kristus er den store og mægtige Konge, som finder vor Sjæl i denne syndige Verdens Ødemark. Han finder os, som vi læser i Aabenbaringens tredje Kapitel, "jammelige og elendige og fattige og nøgne." Vi læser i første Kapitel af samme Bog, at "han aftvættede os fra vore Synder med sit Blod," og i en-og-sextiende Kapitel af Esaias: "Han iførte mig Salighedens Klædebon, han klædte mig med Retfærdigheds Kappe, som en Brudgom iører sig med præstelig Prydelse og som en Brud pryder sig med sit Tøi.",

Evangeliets Opgave er, som vi læser i sex-og-ty-vende Kapitel af Apostlernes Gjerninger, "at oplade deres (Synderes) Øine, at de omvende sig fra Mørket til Lyset og fra Satans Magt til Gud, paa det at de kunne annamme Syndernes Forladelse og Lod iblandt dem, som er helligede ved Troen paa mig" (Kristus).

Dette er, hvad Kristus har gjort for enhver Kristen. Han har prydet eder med Naadens Gave og antaget eder som sine Børn, og – som det siges i det tredje Kapitel af første Brev til Korinthierne –: "Alle Ting er eders, være sig Paulus eller Apollos eller Kefas eller Verden eller Liv eller Død eller det Nærværende eller det Tilkommende; alle Ting er eders; men I er Kristi, og Kristus er Guds.

Han har givet eder sit eget Ord at uddanne eder for Himmelen; han har aabnet eders Øine, saa at I nu ser. Ved hans Naade og eders egen Medvirken udvikles eders Sjæl gradvis til mere fuldkommen Lighed med ham.

Endelig kalder den himmelske Fader eder hjem, hvor I vil se Englene og de Heilige iførte Kristi egen Skjønhed, staaende omkring Tronen, og høre de Ord, der vil give eder Adgang til deres Samfund: "Vel, du gode og tro Tjener, indgaa til din Herres Glæde." I det sextende Kapitel af Johannes' Evangelium siger Kristus selv: "Alt, hvad min Fader har, er mit; derfor sagde jeg, at han skal tage af mit og forkynde eder." Alt vil blive eders. Ak, hvor arme og elendige synes ikke jordiske Nydelser i Sammenligning hermed. Hvor sande er ikke disse Ord af en stotsk Digter:

> Verden kan aldrig give
> > Sand Fred, Glæde og Ro.
> Livet bestaar ei helt i at leve
> > Og Døden ei helt i at dø.

Dens Salighed.

Hinsides denne Grædedal
 Der gives et Kjærligheds-Liv,
Som ei forkortes med flygtende Aar,
 Ei forstyrres af Sorg eller Kiv.

Hinsides Floden.

Der er Glæde i Himmelen, siges det, over de Omvendelser, der finder Sted paa Jorden. I Lukas, 15. 7, læser vi: "Jeg siger eder: Saaledes skal der være Glæde i Himmelen over een Synder, som omvender sig, mere end over ni-og-nitti Retfærdige, der ei har Omvendelse behov." Naar der skal holdes Valg paa Præsident for de Forenede Stater, er der et frygteligt Røre — en stor Bevægelse. Der gives neppe en Avis fra Maine til California, som ikke har noget paa næsten hver Side at sige om Kandidaten; hele Landet er i Røre; men jeg tvivler paa, at Sagen skjænkes nagen Opmærksomhed i Himmelen. Hvis Dronning Victoria skulde forlade sin Trone, vilde der blive megen Røre blandt alle Jordens Nationer; hele Verden vilde være interesseret i denne Begivenhed; den vilde blive telegraferet rundt Jorden; men den vilde sandsynligvis slet ikke blive paaagtet i Himmelen. Man har et andet Syn for Tingene deroppe; hvad, der ser meget stort ud for os, ser meget lidet ud i Himmelen, og hvad, som ser meget lidet ud for os, kan ansees meget stort hist oppe. Betænk dette! Ved vor egen Handling kan vi bevirke Glæde i Himmelen. Denne Tanke synes næsten for underlig til at begribe. At tænke sig, at den armeste Synder paa Jorden — ved sin egen Handling — kan sende en Glædesfølelse gjennem de himmelske Hærskarers Bryst!

Himmelen

Bibelen siger: "Der er Glæde blandt Himmelens Engle" – ikke at Englene glæder sig – men at der er Glæde blandt dem. Jeg har overveiet dette en hel Del og ofte undret mig over, hvad det betyder. Glæde blandt Himmelens Engle? Dette er kun en Gisning; den kan maaske være rigtig, maaske ikke; men mon ikke de Venner, som har forladt Tidens Kyster – de, som er samlede med Hjorden – se ned til os, og naar de ser nogen, som de har bedet for, medens de var paa Jorden, angre sin Synd og omvende sig til Gud, sender ikke dette en Glædesfølelse lige til deres Hjerte? Endog i dette Dieblik kan maaske en Moder, som er vandret did op, skue ned til en Søn eller Datter, og hvis dette Barn skulde sige: "Jeg vil møde denne min Moder, jeg angrer mine Synder, ja jeg vil komme til dig, min Moder," vil Nyheden – med en Solstraales Fart – naa Himmelen, og denne Moder vil da glæde sig – som vi læser – "blandt Himmelens Engle."

Efter et af Opbyggelsesmøderne i Dublin kom en Mand ind i Bønneværelset med sin Datter – hans eneste –, hvis Moder var Død nogen Tid forud, og han bad: "O Gud, lad denne Sandhed trænge dybt ind i min Datters Hjerte, og lad hendes Moders Bønner blive hørte idag, at hun maa blive frelst." Da de reiste sig, tog hun omkring hans Hals og kyssede ham og sagde: "Jeg ønsker at møde min Moder; jeg ønsker at blive en Kristen." Den Dag antog hun Kristum. Denne Mand er nu en Prædikant i Texas. Datteren døde der for kort Tid siden og er nu hos sin Moder i Himmelen. Hvilket saligt og lykkeligt Møde maa det ikke have været! En Søster eller en Broder tilvinker maaske dig fra hinsides:

Dens Salighed.

Hinsides Floden de tilvinker mig —
   De Elskte, som vandred' derhen;
Deres hvide Klæders Skin ser jeg,
   Deres Røst over Strømhvirvlen ei naar frem.

Der er en med Lokker ligt solblegt Guld
   Og Øine lig Himmelen blaa;
Han vandred' derhen saa stille og kold
   I Aftenens Tusmørke graa.

Vi saa ingen Engle møde ham der,
   Og Stadens Porte saa vi ei,
Men hinsides Floden, hinsides Floden
   Min Broder venter paa mig.

Hvem du end er, opsæt ikke.

Der fortælles om en Fader, som havde sin Datter ude med sig sent en Aften. Det var mørkt, og de var gaaede gjennem en tyk Skov lige til Bredden af en Flod. Langt borte paa den anden Side blinkede et Lys hist og her i nogle faa adspredte Huse, og end længere borte skinnede de klare Lys i den store By, som de var paa Vei til. Det lille Barn var træt og søvnigt og Faderen holdt hende i sine Arme, medens de ventede paa Færgemanden, der var paa den anden Side. Endelig saa de et lidet Lys; nærmere kom Lyden af Aarerne, og snart var de trygge i Baaden.

"Fader," sagde den lille Pige.

"Vel, mit Barn?"

"Det er meget mørkt, og jeg kan ikke se Strandbredden; hvor reiser vi hen?"

Himmelen

"Færgemanden ved Veien, min Lille; vi vil snart komme over Floden."

"O, jeg ønsker vi allerede var over, Fader."

Snart modtoges hun af kjærlige Arme i sit Hjem, og hendes Frygt og Ængstelse var forbi. Nogle Maaneder senere stod det samme Barn paa Bredden af en Flod, der var end mørkere og dybere og mere skrækindjagende. Det var Dødens Flod. Den samme elskende Fader staar nær hende, nedbøiet af Sorg over, at hans Barn maa sætte over Floden, uden at være istand til at ledsage hende. I Dage og Nætter har han og Moderen vaaget over hende og kun forladt hendes Leie længe nok for spise og bede Gud forlænge deres Elskedes Liv. Hun havde slumret i flere Timer, og det syntes, som om hendes Aand vilde tage sin Flugt, uden at hun vilde vaagne igjen; men kort før Morgenens Frembrud vaagner hun pludselig med klare Øine og fuld Bevidsthed; et sødt Smil spillede paa hendes Ansigt.

"Fader," sagde hun, "jeg er atter ved Flodbredden og venter paa, at Færgemanden skal komme og føre mig over."

"Synes det saa mørkt og koldt, som da du reiste over den anden Flod, mit Barn?"

"O, nei, der er intet mørkt her. Floden er bedækket med flydende Sølv. Den Baad, som kommer mig imøde, synes at være gjort af en tæt Lysflamme, og jeg hører Englemusik!"

"Ser du nogen paa den anden Side?"

"O ja, jeg ser en meget vakker Person; han tilvinker mig at komme nu. O, skynd dig Færgemænd! Jeg ved, hvem han er! Det er Jesus — min egen velsignede Jesus.

Jeg vil blive modtagen i hans Arme. Jeg skal hvile paa hans Bryst. Jeg kommer — jeg kommer!"

Og saaledes satte hun over Dødens Flod, der saa ud som en Sølvstribe formedelst den velsignede Frelsers Nærværelse.

Noget mere.

Der findes neppe en uomvendt Mand nogetsteds — ligegyldig hvor høitstaaende han er eller hvor rig han er —, som ikke vil tilstaa, hvis du kan vinde hans Fortrolighed, at han ikke er lykkelig. Der er noget han ønsker og som han ikke kan erholde, eller der er noget han har og ønsker at blive kvit. Det er meget tvivlsomt, om Keiseren af Rusland er lykkelig, og dog har han omtrent alt, hvad der kan erholdes. Skjønt Dronning Victoria har Paladser og Millioner til sin Raadighed og desuden, hvad de fleste Monarker mangler, nemlig Undersaatternes Kjærlighed, er det et Spørgsmaal, om hun finder megen Fornøielse i sin Stilling. Hvis Konger og Dronninger elsker den Herre Jesum Kristum og er frelste, kan de nok være lykkelige. Hvis de ved, at de kan naa Himmelen ligesom den simpleste af deres Undersaatter, kan de nok føle sig trygge. Paulus, den simple Teltmager, vil have en høiere Plads i Himmelen end den bedste og største Fyrste, der nogensinde har hersket paa Jorden. Hvis Zaren skulde troeffe John Bunyan, den fattige Blikkenslager, i Himmelen, vilde han nok erfare, at han er en større Mand.

Den Kristnes Liv er det eneste lykkelige Liv. Uden det er der altid noget, som mangler. Medens vi er unge, lægger vi store Planer, men vi ruinerer dem ved Uforsigtighed.

Himmelen

Vi mangler Erfaring. Naar vi bliver gamle, har vi Erfaring, men da er Kraften til at udføre vore Planer borte. "Saligt er det Folk, hvis Gud er Herren." Den eneste Maade at være lykkelige paa er at være gode. Den, som stjæler af Trang, synder fordi han er bange for at blive ulykkelig, men for Øieblikket glemmer han, hvor ulykkelig Synden vil gjøre ham. Slet som Mennesket er, er det dog den bedste og ædleste Skabning paa Jorden, og det er let at forstaa, hvorfor det ikke kan finde sand Lykke i noget, der er lavere end det selv. Det eneste, som er bedre end os selv, er Gud, og han er den eneste vi kan være tilfreds med. Guld, der kun er Søov opgravet af Jorden, tilfredsstiller ikke Mennesket; det gjør heller ikke Ære eller andre Menneskers Pris. Menneskesjælen behøver noget bedre end det. Himmelen er det eneste Sted, hvor det kan erholdes. Intet Under at Englene, som altid beskuer Gud, er saa lykkelige.

Tolderne gik ud for at opsøge Døberen Johannes i Ørkenen, for at erfare, hvad de skulde gjøre. Nogle af de største Mænd i Landet gik ud for at raadføre sig med Eneboeren om, hvorledes de skulde blive lykkelige. "Hvo, som stoler paa Herren, er lykkelig." Det er, fordi der ikke gives nogen sand Lykke hernede, at Jorden ikke er værd at leve for. Det er, fordi der er kun Lykke hisset, at Himmelen er værd at dø for. I Himmelen er kun Liv – ingen Død. I Helvede er kun Død – intet Liv. Her paa Jorden er baade Liv og Død – altsaa en Middelvei mellem de to. Hvis vi afdør fra Synden her, skulle vi leve i Himmelen, og hvis vi lever i Synden her, maa vi vente evig Død som Følgen.

Dens Salighed.

Ved du, at enhver Kristen dør to Gange? Han afdør først i aandelig Henseende fra Synden, – det er den gjenfødte Sjæl; derpaa begynder han at føle Himmelens Salighed; Himmelens Glæder naar Jorden lige talrige og lige sikkert som Solens Straaler. Derpaa kommer den legemlige Død, der viger for den kjødelige Himmel. Det gamle syndige Legeme maa naturligvis forandres; vi kan ikke medtage det til Himmelen. Det vil blive et herliggjort Legeme vi vil faa i Opstandelsen – ikke et syndigt Legeme; vore Legemer vil blive herliggjorte lig Kristi Legeme.

Der vil ingen Fristelser blive i Himmelen. Hvis der nu ingen Fristelse var i Verden, kunde Gud ikke prøve os. Han ønsker at erfare, om vi er tro. Det var derfor, at han satte det forbudte Træ i Paradis; det forklarer Kanaaniternes Nærværelse i Israels Land. Naar vi planter et Frø, bliver det om nogen Tid borte og et nyt fremstaar, der ligner det, men er dog forskjelligt. Saaledes vil vort eget Legeme og vore Bekjendtes og Kjæres Legemer opstaa – af lignende Udseende, men dog ikke de samme. Kristus medtog det samme Legeme til Himmelen, som blev korsfæstet, med mindre det blev forvandlet i Skyerne, efter at være forsvunden fra Disciplenes Øine. Dog maa en Forandring have fundet Sted i Jesu Udseende efter hans Opstandelse; thi Marie Magdalena, som var den første, der saa ham, kjendte ham ikke, ei Heller gjenkjendte Disciplene ham, da de gik og talede med ham paa Veien, førend han begyndte at holde Bøn ved Bordet. Ikke engang Peter gjenkjendte ham, da han viste sig for ham ved Strandbredden. Thomas vilde ikke tro, at det var Kristus, førend han saa Naglegabene i hans Hænder og Saaret i hans Side. Men vi vil alle gjenkjende ham i Himmelen,

Der er to Ting, som Bibelen gjør saa klare og sikre som Evigheden. Den ene er, at vi skal se Kristum, og den anden, at vi skal blive ham lige. Gud vil aldrig skjule sit Ansigt for os der, og Satan vil aldrig vise sit.

Der er alligevel ikke saa stor Forskjel paa Naade og Herlighed.

Naaden er Knoppen, Herligheden Blomsten. Naaden er Herlighedens Begyndelse, og Herligheden er Naadens Fuldkommengjørelse. Det vil ikke blive vanskelig for Folk, som tjener Gud hernede, at gjøre det, naar de vandrer hisset. De vil bytte Pladse, men de vil ikke bytte Syssselsættelse.

Høiere oppe.

I samme Øeblik en Person bliver himmelsksindet og sætter sit Hjerte og sin Kjærlighed til, hvad der er oventil, bliver Livet yndigt, og Himmelens Lys oplyser hans Sti, og han behøver ikke altid at pidske og bebreide sig, fordi han ikke er mere lig Kristo. Nogen spurgte en Skotlænder, om han var paa Vei til Himmelen, og han svarede: "Hvad mener du? Jeg bor der, jeg er ikke paa Veien." Det er sandt! Vi bør leve i Himmelen; medens vi vandrer omkring i denne Verden, er det vor Forrettighed at have vore Hjerter og vor Kjærlighed der. Jeg hørte engang Mr. Moorehouse fortælle om en Dame i London, som fandt en af disse fattige, sengeliggende Hellige, og senere fandt hun en rig Kvinde, som altid knurrede og klagede over sin Lod. Undertiden forekommer det mig, at Folk, som Gud gjør mest for i verdslige Ting, tænker mindst paa ham og bryder sig minst om ham og er de minst

Denf Salighed.

frugtbringende i hans Tjeneste. Men denne Dame gik omkring som en Missionær og besøgte de Fattige, og hun pleiede at besøge denne fattige, sengeliggende Hellige, og hun sagde, at naar hun ønskede at blive opmuntret og gjort lykkelig, pleiede hun at gaa og besøge hende. (Der er et Sted i Chicago, — det har været der i mange Aar —, som mange Kristne altid har besøgt, naar de ønskede sin Tro styrket; de gaar derhen og besøger en af disse Hellige. Og en Ven af mig fortalte mig, at han troede Herren havde en af disse Hellige i de fleste Byer for at underholde Englene, som de for over Byerne paa sine Naadebesøg; thi det synes, at disse Helige ofte har Besøg af disse himmelske Gjæster). Vel, denne Missionskvinde havde ønsket at bringe den rige Dame sammen med denne Hellige, og hun indbød hende flere Gange til at gaa med sig, og endelig gav hun sit Samtykke dertil. Da de kom til Stedet, og hun havde gaaet op den første Trappe, der var mørk og ikke meget ren, sagde hun: "Hvilket frygteligt Sted dette er; hvorfor førte du mig hid?" "Det er bedre høiere oppe," sagde Missionskvinden smilende.

Derpaa gik de opad en Trappe til, men det blev ikke lysere, og den rige Dame klagede atter, men Missionskvinden sagde: "Det er bedre høiere oppe." Da de kom til femte Stokværk, aabnede de en Dør og traadte ind i et vakkert Værelse, der havde Gulvtæppe, Blomster i Vinduerne, og en liden Fugl sad i et Bur og sang, og der sad den Hellige smilende. Det første, den knurrende Dame sagde, var:

"Det maa være meget tungt for Dem at være her og lide Smerte."

Himmelen

"O, det er en Ubetydelighed; det er ikke meget tungt," sagde hun, "det er bedre høiere oppe."

Og hvis alt ikke gaar netop efter Ønske, kan vi sige: "Det er bedre høiere oppe, bedre længere henne," og vi kan opløfte vore Hjerter og fryde os, medens vi vandrer henimod Hjemmet.

Som det heder i følgende vakre Linjer:

Langt bort fra baade Graad og Latter
    Jeg snart skal naa;
Langt bort fra baade Dag og Nætter,
    Langt bort fra Arbeid', Møie, Trætter
Jeg snart skal naa.
    O, elskte Hjem,
Mit Hjem.
    Nøl ei, o Gud, men kom!

Langt bort fra Solens Op= og Nedgang
    Jeg snart skal naa.
Langt bort fra baade Med= og Modgang,
    Langt bort fra Klagelyd og Fryd'sang
Jeg snart skal noa.
    O, elskte Hjem,
Mit Hjem.
    Nøl ei, o Gud, men kom!

Aandestemmer.

Af Anna Shipton.

Nærmere, nærmere, Dag for Dag de fjerne Stemmer lyde,
  Mildt gjennem Perleporten de naa og synes mig hjem at byde.
Min Livslampe brænder svagt og lavt; ja, lad den svagere brænde;
  Thi hvem beklager dens svage Skin, naar Natten saa snart har Ende?
Jeg saa de Elskedes Ansigts Skin igjennem Tusmørket trænge,
  Og født i Dæmringen en Sang løb over Harpernes Strenge;
Med Kjærligheds Blik de saa paa mig, som ing en har set hernede;
  En Herlighedsglands omringede dem— en ægte Perlekjæde;
Og Liljer lig Stjerner og Palmer de bar;
  Hvilket Smil hine himmelske Ansigter har! —
O, du, som har gaat gjennem Dødens Flod, red mig fra Dædens Frygt! Og bær mig med din stærke Arm igjennem dens Vande trygt!

Ei noget andet Kors, ei nogen Tornekrands kan
mærke dit Hoved nu; Du, som den tyngste Byrde
bar, over Dødshavet bær mig du. —
Et sidste Smertens Øieblik, og saa skal Forhænget revne,
Som skjuler dig fra os i dine salige Himle. —
Ei Synd, ei Suk, ei gnavende Frygt skal Plage Hjertet der,
Men i dit blide Smil jeg skal dig evigt tjene der. —
Hvor snart, O Gud, hvor snart vil du mig hente hjem?
Hvor snart skal jeg, dit ringeste Barn, blandt Himlens
Børn staa frem? Langt bort bag Stjernebrimmelen
jeg længes nu at naa
Og bo der i min Faders Hus, derfra ei mer at gaa.

O Gud, du har med Englebrød min matte Sjæl bespist,
Bespis den end paa Veien her, indtil jeg kommer hist;

Og skjønt hin skjønne Perleport jeg længes snart at naa,
Lær mig, O Gud, Taalmodighed, dit Kald at vie paa.

O, hvor saligt er det.

O, hvor saligt er det,
    Vi i Jesum er Et,
Og forvente hans Komme igjen!
    I hans Vingaard vi er
Og forenede her
    Vi høit prise vor kjæreste Ven.

I ham Et, her vi kan
    Glade drikke det Vand,
Som udflyder fra Tronen hos Gud.
    Har vi Troen, vi maa
Da og Aanden her faa,
    Som fra ham og hans Fader gaar ud.

Vi erindre hans Ord,
    Som han før han opfor
Sagde, han vil os tage til sig:
    Jeg vil komme igjen,
Eder føre derhen,
    Hvor I stedse skal være hos mig.

Jesus, kom nu snart hid,
    Og os tag med dig did
Til vor Hvileplads tæt til dit Bryst,
    I den himmelske Ro,
Evig der hos dig bo,
    Helt henrykt af din Kiærligheds Lyst.

Fjerde Kapitel.

Dens Vished.

I min Faders Hus er mange Værelser....Jeg gaar bort at berede eder Sted. (Joh. 14. 2).

Der gives nogle Folk, som stoler saa meget paa sin Fornuft, at de bortræsonerer Gud. De siger, at Gud ikke er en Person, som nogensinde kan sees. De siger, at Gud er en Aand; det er sandt, men han er ogsaa en Person, og han blev Menneske og vandrede engang paa denne Jord. Skriften siger os meget tydelig, at Gud har et Opholdssted. Der kan ikke være mindste Tvivl derom. Et Opholdssted forudsætter Personlighed. Guds Opholdssted er i Himmelen. Han har et Opholdssted, og vi skal blive Beboere deraf. Derfor skal vi se ham.

I første Kongernes Bog, ottende Kapitel og trediste Vers, læser vi: "Hør din Tjeners og dit Folks ydmyge Begjæring, som de skulle bede paa dette Sted, og hør paa det Sted, hvor du bor i Himmelen, og naar du hører, tilgiv!"

Himmelen

Den Anskuelse, at Himmelen er allesteds og intetsteds, er ikke stemmende med Skriften. Himmelen er Guds Bolig, og da Kristus kom til Jorden, lærte han os at bede: "Vor Fader, som er i Himmelen." Denne Bolig omtales som "det evige Livs Stad." Tænk dig en Stad uden en Begravelsesplads, – der er ingen Død der. Hvis en saadan Stad kunde grundlægges paa denne Jord, hvilken Tilstrømning af Folk vilde der ikke blive til den! Hvorledes vilde ikke Folk bestræbe sig paa at naa denne Stad! Der findes ikke en saadan Stad paa hele denne Jord. En Stad uden Taarer, – Gud aftørrer alle Taarer histoppe. Dette er en Tid for Graad, men om et Lidet vil der blive en Tid, da Gud skal kalde os did, hvor der ikke skal være nogen Taarer. En Stad uden Smerte, en Stad uden Sorg, uden Sygdom, uden Død! Der er intet Mørke der. "Lammet er dens Lys." Den behøver ingen Sol, den behøver ingen Maane. Edens Have var som intet sammenlignet med denne Stad. Fristeren kom ind i Eden og seirede, mem intet urent skal nogensinde komme ind i hin Stad. Der vil ikke blive nogen Frister der. Tænk, hvilket Sted, hvorhen Fristelser ikke kan naa! Tænk, hvilket Sted, hvor vi skal være fri for Synd, hvor Fordærvelse ikke kan komme ind, og hvor de Retfærdige skulle regjere forevigt! Tænk, hvilken Stad, der ikke er bygget med Hænder, – hvor Bygningerne ikke bliver gamle, – en Stad, hvis Indbyggere ikke tælles ved nogen Folketælling undtagen Livsens Bog, der er Adressekalenderen i Himmelen. Tænk dig en Stad, gjennem hvis Gader ingen Forretningsstrøm gaar – hvor ingen Ligvogn med sine rystende Duske kryber langsomt med sit sørgelige Læs til Gravpladsen,– en Stad uden

Græmmelse eller Grave, uden Synd eller Sorg, uden Ægteskab eller Anger, uden Fødsler eller Begravelser — en Stad, hvis Ære er at have Jesum som sin Konge, Engle som Vægtere, og hvis Indbyggere er Helgener!

Vi tror, at dette er lige meget et Sted og lige meget en Stad, som New York, London eller Paris. Vi tror paa den en hel Del mere, fordi jordiske Stæder vil forgaa, men denne Stad vil forblive for evigt. Den har Grundvolde, hvis Bygningsmand og Skaber Gud er. Nogle af de mest storartede Stæder Verden har kjendt har ikke havt Grundvolde stærke nok til at vare.

Thyrus og Sidon.

Tag som Exempler Thyrus og Sidon. De var Rivaler omtrent som New York og Philadelphia, St. Louis og Chicago. Da Patriarken Jakob gav sine Sønner Velsignelsen, talte han om Sidon. Ved Kanaans Deling mellem Israels Stammer under Josva, synes Thyrus og Sidon at have tilfaldt Aser Stamme, skjønt de gamle Indbyggere blev aldrig helt fordrevne. Vi læser i Markus: "Og Jesus veg hen med sine Disciple til Søen; og en stor Mængde fra Galilæa og fra Judæa fulgte ham, og fra Jerusalem og fra Idumæa og fra hinsides Jordan, og de, som bor omkring Thyrus og Sidon, en stor Mængde, som hørte, hvor store Gjerninger han gjorde, kom til ham." Vi finder i Apostlernes Gjerninger, syttende Kapitel og tredje Vers, at Høvedsmanden over Vagten, der førte Paulus som Fange til Keiseren af Rom, ved Ankomsten til Sidon lod Paulus stige iland og besøge nogle af sine Venner der. Heraf har man sluttet, at der paa den Tid maa

Himmelen

have været en kristen Menighed der, skjønt Befolkningen i Almindelighed tilbad den himmelske Dronning, der paa Billederne var kronet med en Nymaane.

Der gives endnu Folk, som tilbeder en Himmeldronning, som de afbilder med en Maane under sine Fødder. Selv Israeliterne henfaldt til denne Afgudsdyrkelse, slagne af dens Skjønhed, da de saa "Maanen gaa i sin Klarhed" henover Palæstinas klare Himmel. Jeremias siger: "Børnene opsanker Træ, og Fædrene optænder en Ild, og Kvinderne ælter Deig at lave Himmelens Dronning Kager, og udøse Drikoffere for andre Guder" (Jer. 1.18).

Som Svar paa Profetens Irettesættelse erfarer vi dem at sige i det fir-og-firtiende Kapitel: "Det Ord, som du har talet i Herrens Navn, det vil vi ikke høre dig i. Men vi vil gjøre alt det Ord, som er udgaaet af vor Mund, at gjøre Røgelse for Himmelens Dronning og udøse Drikoffere for hende, saasom vi har gjort" (Jer. 44. 16, 17).

Er det at undres over, at vi lidt længere henne finder følgende Ord rettede til dem: "Herren kunde ikke ydermere fordrage det for eders Idretters Ondskabs Skyld, for de Vederstyggeligheders Skyld, som I gjorde; og eders Land blev til en Ørken og til en Forbandelse, at ingen bor derudi, som det sees paa denne Dag" (Jer. 44. 22).

I Opstandelsen hverken gives eller tages der tilægte, og der skal ikke være nogen "Dronning" i Himmelen.

Thyrus omtales af Josva som en "stærk Stad," og baade Esaias og Esekiel omtaler den. Der er igrunden en hel Del i Skriften om den. Nubudkadneser, Alexander den Store og andre Konger har kjæmpet om den, og Skarer af Menneskeliv er bleven opofrede for at indtage, hvad som nu er en Ruine. Alexander ødelagde den engang,

Dens Vished.

men den blev senere opbygget. Vi finder i Guds inspirerede Ord Beskrivelser af, hvad denne Stad engang var, hvoraf vi kan danne os et Begreb om dens Skjønhed. Hele syv=g=tyvende Kapitel af Esekiel er optaget af en Beskrivelse af Thrus, som Staden den Gang kaldtes: "Og du skal sige til Thrus, som bor der, hvor Nedgangen er til Havet, — som handler med Folk paa mange Øer: Saa sagde den Herre Herre: O Thrus! du, der sagde: Jeg er fuldkommen i Deilighed. Dine Landemærker er midt i Havet, dine Bygningsmænd har fuldkommet din Deilighed. De byggede til dig af Fyrretræ fra Senir alle Overlagene, de hentede Ceder fra Libanon at gjøre Master for dig."

Længere henne heder det: "Dit Seil var af stukket kosteligt Linned fra Ægypten, at det skulde være paa din Mast; blaafarvet Tøi og Purpur fra Elisas Øer bedækkede dig."

Og lidt længere henne siges det: "Dit Gods og dine Markedsvarer, din Handel, dine Skibsfolk og dine Styrmænd, de, som forfærdigede det, som var brudt paa dig, og de, som drev din Handel, og alle dine Krigsmænd, som var midt i dig, og al din Forsamling skal falde mit i Havene paa dets Falds Dag.... Dit Hjerte er ophøiet for din Deiligheds Skyld, du har fordærvet din Visdom tilligemed din Herlighed; jeg har kastet dig paa Jorden, hengivet dig for Kongers Ansigt, at de skulle se paa dig" (Jer. 27. 27; 28. 17).

De frygtelige Forudsigelser om Stadens Fald er alle bleven bogstavelig opfyldte. Vi erfarer disse af sex=og=tyvende Kapitel, tredje Vers: "Derfor sagde den Herre Herre saaledes: Se, jeg vil komme over dig, Thrus! og vil

Himmelen

opføre mange Hedninger over dig, som Havet opstiger med sine Bølger. Og de skulle fordærve Murene i Thyrus og nedbryde dens Taarne, og jeg vil bortfeie dens Støv af den og gjøre den til en høi Klippe. Den skal vorde til at udbrede Fiskegarn paa midt i Havet, thi jeg, jeg har talet det, siger den Herre Herre; og den skal være Hedningerne til Rov."

Reisende beskriver nu Thyrus som "en Hob Ruiner, brækkede Buegange og Hvælvinger, faldefærdige Mure og Taarne, med nogle faa forsultne Elendige boende blandt Ruinerne." En stor Del af Staden er under Vand – en Del af Ruinerne et Sted for Fiskegarn, og Resten er bogstavelig "en høi Klippe."

Saaledes forgaar Verdens Herlighed. Denne Bibelbog fortæller os om Herligheden af en Stad, som vi ikke længere ser, men som har været. Den fortæller os ogsaa om Herligheden af en større Stad, som vi ikke har seet, men skal se, hvis vi kun følger den anviste Vei.

  Der er et Land af Glæde ren,
    Hvor Hellige skal bo,
  En evig Dag, ei Nat der er,
    Ei Sorg, men Fred og Ro;
  Der rinder Glædens Kilde klar
    Og Blomster eviggrøn;
  Kun Dødens Flod os stiller fra
    Den Himmelegn saa skjøn.

  O skjønne Land bag Dødens Flod
    Er klædt i Eviggrønt;
  Saa skuet Israel Kanaan,

Hinsides Jordans Strøm.
O, at vi stod, som Moses stod,
Og saa hint skjønne Land;
Ei Dødens Hav, ei Jordans Flod
Os skræmmer fra dets Strand.

Vore Navne indskrevne der.

Det fortælles, at engang kort før Solopgang kom to Mænd i Trætte om, paa hvilket Sted af Himmelen Solen først vilde komme tilsyne. De blev saa ophidsede derover, at de begyndte at slaaes og slog hinanden saa slemt i Ansigtet, at naar Solen stod op, kunde ingen af dem se den. Saaledes gives der Folk, som vedbliver at kives om Himmelen, indtil de udelukkes derfra, og end flere, der kives om Helvede, indtil de kommer lige derind.

I de ebraiske Skrifter omtales tre forskjellige Himle: Luften eller Luftkredsen rundt Jorden er den ene, Firmamentet eller Stjernehimmelen er den anden og ovenfor den er Himlenes Himle, hvor Guds Trone er og Herrens Boliger — hine Lysets og Fredens Boliger, som er de Saliges Opholdsted — Forløsernes og de Forløstes Hjem.

Dette er den Himmel, hvor Kristus befinder sig. Dette er det Sted vi læser om i femte Mosebog: "Se, Himlene og Himlenes Himle er Herrens din Gud og Jorden og alt, hvad der er paa den."

I det andet Brev til Korinthierne taler Paulus om sig selv saaledes: "Jeg kjender et Menneske i Kristo, som for fjorten Aar siden — hvad enten han var i Legemet, ved jeg ikke, eller udenfor Legemet, ved jeg ikke, Gud ved det — blev henrykket indtil den tredje Himmel."

Himmelen

Nogle har undret sig over, hvad der forstaaes med den tredje Himmel. Det er der, hvor Gud bor, og hvor ingen Storme naar hen. Der sidder den ubestikkelige Dommer. Da Paulus blev henrykket derhen, hørte han uudsigelige Ord, som det ikke var tilladt ham at udtale, og han saa meget, som han ikke kunde omtale her. Jo høiere vi naar i aandelige Ting, jo nærmere synes vi at være Himmelen. Der bliver vore Ønsker tilsidst opfyldte. Vi kunne udbryde med Salmisten; "En Ting har jeg begjært af Herren, den vil jeg søge efter: at jeg maa bo i Herrens Hus alle mit Livs Dage, at beskue Herrens Deilighed og at undersøge i hans Tempel" (Sal. 27. 4).

Vi forvisses af Kristus selv om, at vore Navne vil blive skrevne i Himmelen, hvis vi kun er hans. I tiende Kapitel af Lukas' Evangelium, tyvende Vers, læser vi: "Dog glæder eder ikke derover, at Aanderne er eder underdanige; men glæder eder mere over, at eders Navne er skrevne i Himlene." Kort før Frelseren udtalte disse Ord, kaldte han sytti af sine Disciple omkring sig og og udsendte dem, to og to, for at prædike Evangeliet i Galilæa og Judæa Stæder. Der gives Folk i vor Tid, som ikke har Tro paa Opvækkelsesmøder. Og dog fandt den største Opvækkelse, Verden nogensinde har været Vidne til, Sted i de fem eller sex Aar Døberen Johannes og Jesus prædikede og fortsattes ved Apostlenes og Disciplenes Prædiken, efter at Jesus havde forladt Jorden. I Aarevis var Landet bevæget fra den ene Ende til den anden. Der var sandsynligvis ogsaa da Folk, som havde at invende mod Opvækkelser; de kaldte dem maaske "spasmodiske" og nægtede at skjænke dem nogen Tiltro; de sagde maaske: "Det er et ni Dages Under og vil snart være forbi, og

Dens Vished.

der vil intet blive tilbage deraf." Udentvivl talte Folk i hine Dage, saaledes som de taler nu. Lige fra Kristi og Apostlernes Tid har der været Folk, som har modsat sig Guds Værk — nogle af dem endog Folk, som bekjender sig at være den Herres Jesu Kristi Disciple —, kun fordi deres Fremgangsmaade ikke er bleven fulgt. Naar Guds Aand kommer, virker den paa sin egen Maade. Vi maa lære at indse, at det ikke tilkommer os at bestemme, paa hvilken Maade han skal virke; thi han vil virke paa sin egen Maade, naar han kommer.

Disse Disciple kom tilbage til Jesum efter at have arbeidet en Tid. Aanden havde bistaaet dem, og Djævlene var dem underdanige, og de havde Magt over Sygdomme, og de havde Magt over Fienden, og de var glade over sin Fremgang. De holdt formodentlig et Slags Glædesfest, da Kristus kom ind og sagde: "Glædes ikke derover, at Aanderne er eder underdanige; men glæder eder mere over, at eders Navne er skrevne i Himlene." Dette bringer os Ansigt til Ansigt med Læren om.

Forvisningen.

Jeg har truffet mange Folk i Kristenheden, som ikke antager denne Lære. De tror, at det er umulig for os her i Livet at vide, enten vi er frelste eller ikke. Hvis dette er sandt, hvorledes kan vi da forklare, hvad Kristus har sagt,—saaledes som det her er anført? Hvis mit Navn er skrevet i Himmelen, hvorledes kan jeg glæde mig derover, med mindre jeg ved det? Disse Mænd skulde glæde sig over, at deres Navne var allerede skrevne i Himmelen,

Himmelen

og enhver, som er et Guds Barn, har sit Navn der — indskrevet der forud for hans Komme.

Da et Selskab Amerikanere for nogle Aar siden ankom til Liverpool fra London, tog de ind paa "Northwestern Hotel," men ved sin Ankomst erfarede de, at Hotellet i flere Dage havde været overfyldt. Ilde tilmode over sin Skuffelse stod de i Begreb med at affende sit Tøi og begive sig derfra, da de mærkede, at en Dame i Selskabet vilde forblive der.

"Skal ikke ogsaa De begive Dem herfra?" spurgte de.

"Nei," svarede hun, "mit Værelse staar færdig for mig."

"Hvorledes forholder det sig?"

"Jo," svarede hun, "jeg telegraferede hertil for nogle Dage siden."

Det er netop, hvad Guds Børn gjøor; de affender sine Navne forud; de sikrer sig Værelser i Kristi Boliger betids. Hvis vi isandhed er Guds Børn, er vore Navne allerede affendte, og der vil være Pladse beredte for os ved Reifens Ende. I ved, at vi kun er Vandringsmænd hernede. Vi er borte fra Hjemmet. Under Borgerkrigen ønskede Soldaterne, baade Sydens og Nordens Soldater, intet bedre at sove i end Telte; men de længtes efter, at Krigen vilde ende, saa at de kunde reise Hjem. De brød sig hverken om Paladser eller Boliger paa Slagmarken. Vel, en frygtelig Krig hersker nu, og om en Tid, naar den er forbi, vil Gud kalde os hjem. Teltene er gode nok for os, medens vi befinder os paa Vandringen gjennem denne Verden. Det er kun en Nat, og da vil den evige Dag frembryde.

Dens Vished.

Livsens Bog.

To Damer mødtes paa et Jernbanetræn for ikke længe siden, den ene var paa Vei til Cairo, den anden til New Orleans. Førend de naaede Cairo, var de bleven hinanden meget hengivne, og den Dame, der skulde til Cairo, sagde til den, der skulde til New Orleans:

"Jeg skulde ønske De vilde forblive nogle Dage i Cairo; jeg skulde ønske at have Dem som Gjæst."

"Vel," sagde den anden, "jeg skulde meget ønske det, men jeg har mit Tøi nedpakket og afsendt, og jeg har intet med mig, undtagen hvad jeg har paa, og det er godt nok paa Reisen."

Deraf lærte jeg noget. Jeg sagde ved mig selv: Næsten hvadsomhelst er godt nok paa Reisen, og det er langt bedre at have vore Fornøielser og Bekvemmeligheder færdige for os i Himmelen — ventende paa os, til vi naar frem — end at udslide dem paa vor besværlige jordiske Reise.

Himmelen er et Seiers- og Triumfsted. Dette er en Slagmark. Der finder Triumfprocessioner Sted. Dette er. Sværdets og Spydets Land; hint er Kransens og Kronens Land. O, hvilken Glædesfølelse vil ikke gjennemtrænge de Saliges Hjerte, naar deres Seir fuldendes i Himmelen, — naar Døden selv, den sidste Fiende, er overvunden og Satan drages som Fange efter Kristi Stridsvogn! Lad Folk modsætte sig saa meget de vil Læren om Forvisningen, den læres dog klart i Skriften.

Bøgernes Aabning.

Mange Folk ler ad den Anskuelse, at der er Bøger i Himmelen; men i tolvte Kapitel af Profeten Daniel

Himmelen

finder vi i første Vers denne Profeti: "Og paa den samme Tid skal Mikael, den store Fyrste, staa, den, som staar for dit Folks Børn, og der skal være en Trængsels Tid, som aldrig har været, fra Folk blev, indtil den Tid, og paa den samme Tid skal dit Folk undkomme, hver den, som findes skreven i Bogen."

En frygtelig Tid for Jorden er ivente — mørkere Dage, end vi nogensinde har seet, men de, hvis Navne er skrevne i Livsens Bog, skal blive frelste.

I Brevet til Filippenserne, fjerde Kapitel og tredje Vers, læser vi: "Ja, jeg beder dig ogsaa, min retsindige Medbroder! antag dig dem, thi de har stridt med mig i Evangeliet, tilligemed Clemens og mine øvrige Medarbeidere, hvis Navne er i Livsens Bog."

I sit Brev til de Kristne i Filippi, hvor han havde fundet saa megen Modstand, og hvor han var bleven kastet i Fængsel, siger Paulus omtrent saaledes: Bring min Hilsen til Brødrene og Søstrene, som arbeidede med mig, og hvis Navne er skrevne i Livsens Bog. Dette beviser, at Læren om de Kristnes Forvisning om sit Barneforhold lærtes i Kristendommens allertidligste Dage. Hvorfor bør vi ikke lære og tro den nu?

Reisende, der har besøgt Kina, har fortalt mig, at de kinesiske Dommere har to store Bøger; naar en Person befindes uskyldig, skrives hans Navn i Livets Bog; naar en Person derimod befindes skyldig, skrives hans Navn i Dødens Bog. Jeg tror forvist, at enhver Mand eller Kvinde har sit Navn enten i Livsens eller Dødens Bog. Dit Navn kan ikke være i begge Bøger paa engang. du kan ikke være indskreven i Dødens og i Livets Bog paa samme Tid, og du har selv Ret til at vide, i hvilken Bog dit Navn findes.

Dens Vished.

I Aabenbaringens trettende Kapitel og ottende Vers læser vi: "Og de skulle tilbede det (Dyret 2: Antikristen), alle, som bor paa Jorden, hvis Navne ikke, fra Verdens Grundvold blev lagt, er skrevne i Lammet, det slagtedes, Livsens Bog."

Og i tyvende Kapitel, tolvte Vers, læser vi: "Og jeg saa de Døde, Smaa og Store, staaende for Gud, og Bøgerne blev opladte; og en anden Bog blev opladt, som er Livsens Bog; og de Døde blev dømte efter det, som var skrevet i Bøgerne, efter deres Gjerninger."

Og atter i to-og-tyvende Kapitel, syv-og-tyvende Vers: "Og intet Urent skal komme ind i den (2: den hellige Stad), ei heller, hvad der øver Vederstyggelighed og Løgn; kun de, som er skrevne i Lammets Livsens Bog."

Der kan ikke være nogen sand Fred, — der kan ikke være noget sandt Haab, — der kan ikke være nogen sand Trøst, hvor der her-sker Uvished. Jeg er ikke skikket for Guds Tjeneste, jeg kan ikke gaa ud og arbeide for Gud, hvis jeg nærer Tvivl om min egen Frelse.

Ingen Plads for Tvivl.

En Moder har et sygt Barn. Barnet svæver mellem Liv og Død. Denne Moder har ingen Hvile. Du har en Ven paa et Jernbanetræn, der er bleven knust, og det berættes, at tyve Personer er bleven dræbte og saarede, men deres Navne opgives ikke; du befinder dig i en frygtelig Uvished og har ingen Fred og Ro, indtil du erfarer Virkeligheden. — Grunden til, at der er saa mange i Menighederne, hvilke ikke vil gaa ud og hjælpe andre, er, at de ikke er visse paa, om de selv er frelste. Hvis jeg formodede, at jeg selv var Døden nær, vilde jeg være daarlig skikket til at redde nogen anden. Forend jeg kan drage nogen anden ud af Vandet, maa jeg have et godt Fodfæste selv. — Vi kan erholde denne fulde Forvisning, hvis vi vil. Det er ikke nok, at vi føler, at alt er ret, vi maa vide det. Vi maa kunne forvisse os om vor Arveret til de himmelske Boliger. Apostelen Johannes siger: "Elskelige, nu er vi Guds Børn." Han siger ikke, at vi skal blive Guds Børn.

Folk giver de mærkværdigste Svar paa Spørgsmaalet, om de er Guds Børn. Nogle vil sige, naar de spørges derom: "Vel— vel—vel—jeg—jeg haaber det." Sæt, at nogen skulde spørge mig, om jeg er en Amerikaner; vilde jeg da svare: "Vel—vel— jeg—jeg haaber det?" Jeg ved, at jeg blev født her i Landet, og jeg ved, at jeg blev gjenfødt af Guds Aand for mere end tyve Aar siden. Alle Vantroende i Verden kunde ikke overbevise mig om, at jeg ikke har en anden Aand, end jeg havde, førend jeg blev en Kristen. "Hvad, der er født af Kjødet, er Kjød, og hvad, der er født af Aanden, er Aand," og en Person kan let afgjøre, om han er født af Aanden, formedelst Forandringen i hans Liv. Kristi Aand er en Kjærlighedens, Glædens, Fredens og Ydmyghedens Aand, og vi kan snart forvisse os om, enten vi er fødte af denne Aand eller ikke; vi behøver ikke at forblive i Uvished derom. Job levede i en mørk Tidsalder; men han vidste det. De sorte Bølger kom rullende og sydende mod ham, men midt under Stormen kan du høre hans Røst: "Jeg ved, at min Forløser lever." Han havde noget bedre end et Haab.

En Person kan have sit Navn skrevet i de høieste Annaler hernede, men Bøgerne kan gaa tabt; han kan have det graveret i Marmor, og dog kan det udslettes; en Velgjørenhedsanstalt kan bære hans Navn, og dog kan

Dens Vished.

han snart blive glemt; men det vil aldrig blive udslettet af det Navneregister, som opbevares histoppe. At søge at forevige sit Navn paa Jorden er som at skrive det i Sanden ved Havsbredden; for at være evigvarende maa det være strevet paa de evige Monumenter. — Det er bleven sagt, at den bedste Maade, hvorpaa vi kan se vore Navne, som de staar indskrevne i Livsens Bog, bestaar i at læse Helliggjørelsens Værk i vore Hjerter. Der behøves ingen Mirakelrøst fra Himmelen — ingen usædvanlige Tegn — ingen ualmindelig Følelse. Vi behøver kun at erfare, om vort Hjerte længes efter Kristum og Hader Synden, og om vort Sind adlyder Guds Befalinger.

Vi kan være forvissede om, at vort Medlemskab af en Menighed ikke vil frelse os, skjønt enhver frelst Person bør tilhøre en Menighed. Da Daniel døde i Babylon, behøvede ingen at opsøge en gammel Kirkebog for at erfare, om alt stod vel til med ham. Da Paulus blev halshugget af Nero, behøvede ingen at gaa til Ministeralbogen. Paa den anden Side tror ingen, at Pontius Pilatus var en Helgen, fordi hans Navn nævnes i Troesbekjendelsen.

Alle disse levede saaledes, at Verden vidste, hvem de var. Paulus siger: "Jeg ved, paa hvem jeg har troet, og er vis paa, at han er mægtig til at bevare det, jeg har nedlagt hos ham, til hin Dag." Dette er Forvisning. "Hvem skal kunne stille os fra Kristi Kjærlighed?" siger han; "hverken Liv, ei heller Død, ei heller Engle, ei heller Fyrstendømmer, ei heller Magter, ei heller det Nærværende, ei heller det Tilkommende." Han udfordrer dem alle sammen, men de kunde ikke stille ham fra Kristi Kjærlighed.

Det er at vanære Gud at vedblive at haabe og kun haabe, at vi skal "blive" frelste.

Falske Bekjendere.

Dog er der nogle, som ikke bør have Forvisningen. Det vilde være farligt for et uomvendt Menighedslem at have Forvisningen. Der er nogle, som foregiver at have en stor Forvisning, hvilke ikke bør have den, — de, hvis Liv ikke stemmer overens dermed. Denne Klasse repræsenteres af Manden, der havde indfundet sig til Brylluppet uden at have iført sig Bryllupsklæder.

Disse Folk ligner visse Liljer — vakre at se paa, men stygge at lugte paa. De er tørre Skal uden Kjerne. — De gamle Korsfarere pleiede at have et malet Kors paa Skuldrene. Paa samme Maade er der mange i vore Dage, som optager Kors, der er ligesaa lette — blotte Smykker — Pas til Anseelse, billige Efterligninger til Tegn paa en Kamp, de aldrig har kjæmpet, og en Krone, de aldrig har efterstræbt.

Man kan ofte se døde Fiske flyde med Strømmen, men man har aldrig seet døde Fiske svømme mod den. Saadanne er disse falske Troende, — det er Hykleriet. Den falske Bekjender flyder med Strømmen, men den sande Bekjender svømmer mod den, ligegyldig hvor stærk den end er. Den helliggjorte Person og den ikke=helliggjorte betragter Himmelen med meget forskjellige Øine. Den, som ikke er helliggjort, foretrækker kun Himmelen for Helvede; han synes, at hvis han er nødt til at fare til eet af disse Steder, foretrækker han at prøve Himmelen. Det forholder sig som med en Mand, der har en Farm, og

Dens Vished.

tilbydes en anden i Bytte i et andet Land, hvor der siges at være en Guldgrube. Han kvier sig for at opgive alt, hvad han har, og udsætte sig for Resiko. Men hvis han skulde blive landsforvist og kun har Valget mellem at bo i en Ørken eller grave i en Kulgrube eller ogsaa mod= tage Guldminen, betænker han sig ikke. Den uigjenfødte foretrækker Himmelen for Helvede, men han foretræk= ker helst den nærværende Verden. Naar Døden stirrer ham i Øinene, synes han, at han skulde ønske at fare til Himmelen. Den sande Troende skatter Himmelen over alt og er altid villig til at opgive Verden. Alle ønsker at opnaa Himmelens Glæder, naar de dør, men de ønsker ikke at være himmelsksindede, medens de lever. For den Kristne er det et sikkert Løfte — uden Anledning til Tvivl og uden Grund til Betænkning.

En Arving til et stort Landgods anser som Barn en Dollar i Lommen høiere end sin hele Arv. Saaledes føler nogle, der bekjender sig at være Kristne, sig gladere over en forbifarende Fornøielse end over Retten til evig Herlighed. Om kort Tid vil vi blive der. Hvor herlig er ikke denne Tanke! Alt er rede. Det er, hvad Kristus gik op til Himmelen for. Om en liden Stund vil vi være borte herfra.

Herlige, yndige Hjem.

O, tænk paa vort Hjem, hvor jeg Frelseren ser!
Det skjønneste Hjem, hvor ei Synden er mer.
Ja, det bliver Himlen for mig, o, saa kjær.
Herlige, yndige Hjem.

O, naar vi paa hin Side frelste skal staa,
Hvor Dødsflodens isnende Strøm ei kan naa,
Ved Frelserens Hjerte vi Hvile da faa.
Herlige, yndige Hjem.

Hvor sødt det skal blive, naar Kaldet vi hør',
Naar vi i vort Himmelhjem indtræde tør
Og vi ei skal ængstes, som saa ofte før.
Herlige, yndige Hjem.

Femte Kapitel.

Dens Skatte.

Samler eder Liggendefæ i Himmelen....thi hvor eders Liggendefæ er, der vil og eders Hjerte være. (Matth. 6. 20,21).

Ingen anser sig rig, førend han har alt, hvad han behøver. Meget faa Folk er tilfredse med jordiske Rigdomme. Saalænge de ønsker noget, som de ikke kan erholde, befinder de sig i et Slags Armod. Jo rigere en Mand undertiden er, i jo større Armod befinder han sig. Nogen har sagt, at Indsamlingen af Rigdomme bringer Omsorg, Opbevaringen deraf bringer Besvær, Misbrugen deraf bringer Brøde og Tabet deraf Sorg. Det er en stor Feiltagelse at stille Rigdomme saa høit, som vi gjør. Men der gives nogle Rigdomme, som vi ikke kan prise for meget, — som aldrig forgaar; det er de Skatte, som er opsamlede i Himmelen for dem, som i Sandhed tilhører Gud.

Himmelen

Ligegyldig hvor rige og ophøiede vi end er her, er der dog altid noget, som vi mangler. Den største Anledning, som de Rige har over de Fattige, er den, som de mindst benytter, nemlig at forøge sin egen Lykke. Verdslige Rigdomme gjør aldrig nogen i Sandhed lykkelig. Vi alle ved, at de ogsaa ofte tager Vinger og flyver bort. Det siges om Midas, at hvadsomhelst han berørte blev til Guld, men med sine lange Ører følte han sig ikke meget bedre paa Grund deraf. Der er en hel Del Sandhed i nogle af disse gamle Fabler. Man bør lige saa lidt øsle med Penge som med Tiden, men jeg beklager den Mand, som har mere af nogen af Delene, end han forstaar at gjøre Brug af. Der er intet sandere Ordsprog end, at en Mand ved at gjøre godt med sine Penge ligesom afpræger Guds Billede derpaa og gjør dem gangbare for Himmelens Skatte; men hele Verdens Rigdomme kunde ikke skaffe en Adgang derhen. Frelsen maa modtages som en Gave. Der er ingen saa fattig i denne Verden, at han ikke kan blive en Millionær i Himmelen.

Guld er en slet Redningsboie.

Hvor mange tilbeder ikke Guld i vor Tid! Hvor Krig har dræbt sine Tusinder, har Vinding dræbt sine Millioner. Dens Histori har i alle Tidsaldere været Slaveriets og Tyranniets Histori. Hvilket Rige har den ikke i vor Tid! Gruben med sine Trælle, Fabrikken med sin Elendighed, Farmen med sit Slæb, Handelsverdenen og Børsen med sine af Bekymringer mærkede Ansigter – disse er kun Exempler paa dens lave Tjenere. Titler og Ære er dens Belønning, og Troner staar til dens Raadighed. Blandt

Dens Skatte.

dens Raadgivere er Konger, og mange af Jordens Store og Mægtige er dens Underſaatter. Denne Vindingsaand ſøger endog at forvandle Jordkloden ſelv til Guld.

Det berettes, at Tarpeia, Datter af Guvernøren for Fæſtningen paa den kapitolinſke Høi i Rom, blev indtagen i de ſabinſke Soldaters Guldarmbaand og lovede at give dem Abgang til Fæſtningen, hvis de vilde give hende, hvad de bar paa ſin venſtre Arm. Kontrakten blev ſluttet; Sabinerne holdt ſit Løfte. Tatius, deres Anfører, var den førſte til at aflevere ſit Armbaand og ſit Skjold. De attraaede Skatte blev af hver Soldat kaſtede mod Forræderinden, indtil hun ſank ned under Byrden og udaandede. Paa ſamme Maade trykker Guldets Tyngde mangen Mand ned.

Da Dampſkibet "Central America" gik tilbunds, var flere hundrede Guldgravere ombord paa Vei til ſit gamle Hjem og ſine Venner. De havde ſamlet en Formue og ventede at nyde megen Lykke deraf. Ved den førſte Skræk tabte Guldet ſin Tiltrækning for dem. Guldgraverne aftog ſine Pengebelter og kaſtede dem tilſide. Vadſække fulde af Guldſand blev tømte paa Kahytsgulvet. En af dem tømte Guld til en Værdi af et hundrede tuſen Dollars paa Gulvet og bad hvemſomhelſt, der ønſkede, forſyne ſig. Begjærligheden var bleven overmandet, og Guldet fandt ingen Lyſthavere. — Kjære Venner! det er godt nok at have Guld, men undertiden er det en daarlig Redningsboie. Undertiden er det en ſvær Byrde, der trykker os ned til Helvede.

Paſtor John Newton beſøgte en Dag en Familje, der ved Ildebrand havde tabt ſin hele Formue. Han traf den fromme Huſtru og hilſte hende med Ordene:

"Jeg ønsker Dem tillykke, Frue."

Forbauset og nær ved at blive fornærmet udbrød hun: "Hvad! Tillykke med Tabet af hele min Formue?"

"O nei," svarede han, "men tillykke med, at De har saa mange Skatte, som Ild ikke kan fortære."

Denne Hentydning til hendes virkelige Skatte standsede hendes Sorg og bragte hende til Hengivenhed i sin Skjæbne. Som vi læser i Ordsprogene 15. 6: "I en Retfærdigs Hus er meget Gods, men der er Forstyrrelse i en Ugudeligs Indkomme." Jeg har aldrig seet en døende Hellig, der var rig paa himmelske Skatte, og som havde noget at beklage sig over; jeg har aldrig hørt nogen saadan sige, at han havde levet for meget for Gud og Himmelen.

Synkefærdig.

En Ven af mig fortalte mig, at han befandt sig paa Merseyfloden i Liverpool for nogle Aar siden og saa et Skib, der blev bugseret ind i Havnen med stor Forsigtighed; det laa lige i Vandkanten, og han undredes over, at det ikke sank. Strax efter kom et andet Skib — uden nogensomhelst Hjælp; det behøvede ikke at bugseres af en Bugserbaad, men dampede lige opad Floden forbi det første Skib. Han gjorde Forespørgsel og erfarede, at det Skib, der maatte bugseres ind, var lastet med Trælast og var sprunget læk og synkefærdigt; det var derfor besværligt at bringe det i Havn.—Nu tror jeg, at der gives mange, som bekjender sig at være Kristne — maaske mange, som virkelig er Kristne, der er synkefærdige. De har mange jordiske Skatte, og det kræver næsten hele Menigheden — hele Menighedens Aandskraft til at føre Tilsyn med

Dens Skatte.

disse verdslige Kristne for at hindre dem fra at gaa helt tilbage til Verden. Hvad, om hele Kirken var, som John Wesley sagde, "strængt beskjæftiget og altid beskjæftiget," hvilken Magt vilde den ikke være, og hvor snart kunde vi ikke naa Verden og Masserne! Men vi kan ikke naa Verden, fordi Kirken selv er bleven lig Verden og verdsligsindet, og fordi saa mange undres over, hvorfor de ikke tiltager i Naaden, medens de har Jorden i sine Tanker mere end Gud.

Prædikanter vilde ikke behøve at tilskynde Folk til at leve for Himmelen, hvis deres Skatte var deroppe; de kunde ikke lade det være; deres Hjerter vilde være der, og hvis deres Hjerter var der, vilde deres Sind være der, og deres Sind vilde være rettet mod Himmelen. De kunde ikke lade være at leve for Himmelen, hvis deres Skatte var der.

En liden Pige sagde en Dag til sin Moder: "Mamma, min Søndagsskolelærer siger, at denne Verden kun er et Sted, hvor Gud lader os leve en kort Tid, for at vi maa forberede os for en bedre Verden. Men, Moder, jeg ser ingen forberede sig! Jeg ser, at du forbereder dig til at reise paa Landet, og Tante Elise forbereder sig til at komme hid; men jeg ser ingen forberede sig til at fare derhen; hvorfor gjør de sig ikke færdige?"

En Herre i Syden — det var før Borgerkrigen — havde en from Slave, og da hans Herre døde, fortalte man ham, at han var faret til Himmelen.

Den gamle Slave rystede paa Hovedet og sagde: "Jeg frygter for, at Masse ikke er faret did."

"Hvorfor det, Ben?" spurgte man ham.

"Fordi, at naar Massa skulde reise til Norden eller

Himmelen

til et Badested, pleiede han at tale derom længe forud og gjøre sig færdig; men jeg hørte ham aldrig tale om at reise til Himmelen — saa ham aldrig gjøre sig færdig til at fare derhen."

Der er mange, som ikke laver sig færdig. Kristus lærer i Bjergprædikenen: "Samler eder ikke Liggendefæ paa Jorden, hvor Møl og Ruft fordærve, og hvor Thve igjennembryde og stjæle; men samler eder Liggendefæ i Himmelen, hvor hverken Møl, ei Heller Ruft fordærver, og hvor Thve ikke igjennembryde ei heller stjæle; thi hvor eders Liggendefæ er, der vil og eders Hjerte være."

Jordens Skatte.

Der behøves ikke lang Tid for at kunne afgjøre, hvor en Persons Skatte er. Efter femten Minutters Samtale med de fleste Personer kan man afgjøre, enten deres Skatte er paa Jorden eller i Himmelen. Tal til en Fædrelandsven om hans Land, og du vil se hans Øie lyse op, — du vil erfare, at han har sit Hjerte der. Tal til en eller anden Forretningsmand og sig ham, hvor han kan tjene et tusen Dollars, og du vil lægge Mærke til hans Interesse; hans Hjerte er deri. Tal til Folk, som kun lever for Modens Skyld, og du vil se deres Øine tindre; deres Interesse vækkes øieblikkelig; deres Hjerte er der. Tal til en Politiker om Politik, og du skal se, hvor snart han bliver interesseret. Tal saa til et Guds Barn, der samler Skatte i Himmelen, om Himmelen og om hans evige Hjem, og se, hvilken Begeistring. "Hvor eders Skatte er, der vil ogsaa eders Hjerte være."

Dens Skatte.

Det er lige saa meget en Befaling til os at samle os Skatte i Himmelen, som det er et Forbud, at vi ikke skal stjæle. Nogle Folk tror, at alle Bud indeholdes i de ti, som blev givne paa Sinai; men da Jesus Kristus var her paa Jorden, gav han os mange flere Bud. Der er et andet Bud i Bjergprædikenen: "Søger først Guds Rige og hans Retfærdighed, saa skal alle disse Ting tillægges eder." Og her er en Befaling om, at vi skal samle os Skatte i Himmelen og ikke paa Jorden. Grunden til, at der er saa mange sønderknuste Hjerter, — Grunden til, at der er saa mange skuffede Folk, er, at de har samlet sig Skatte hernede.

Guldets Værdløshed, for hvilket saa mange søger, belyses af en Histori, som Dr. Arnot pleiede at fortælle. Et Skib med et Selskab Emigranter ombord blev drevet ud af sin Kurs og forliste paa en øde Ø — langt borte fra nogen Mennesker. Der er ingen Udsigt til at blive reddet; men der er en rigelig Forsyning af Fødevarer. Havet omringer dem, men de har nok af Sæd, en rig Jordbund og en varm Sol, saa at der ingen Fare er. Førend Sæden er saaet, opdager nogle Personer ude paa en Opdagelsesreise en Guldgrube. Hele Selskabet begiver sig derhen for at grave Guld. De arbeider Dag efter Dag og Maaned efter Maaned. De samler store Hobe af Guld. Men Vaaren er forbi, og ikke en Ager er bleven dyrket, ikke et Sædekorn saaet. Sommeren kommer og deres Rigdom forøges; men deres Oplag af Fødevarer bliver mindre. Om Høsten erfarer de, at deres Guldhobe er værdløse. Hungersnød stirrer dem i Øinene. De gaar ind i Skoven, de nedhugger Træer, opgraver Rødderne, dyrker Jorden og saar sit Korn. Det er for sent! Vinteren er kommen, og Sæden raadner i Jorden. De dør af Hunger blandt sine Skatte.

Himmelen

Denne Jord er den lille Ø — Evigheden Havet omkring den; vi er strandede paa denne Kyst. Der er en levende Sæd, men Guldgruberne tiltrækker os. Vi tilbringer Vaaren og Sommeren der; Vinteren indhenter os under vort Arbeide; vi befinder os uden Livets Brød, og vi gaar fortabt. Lad da os, som er Kristne, skatte saa meget mere det Hjem, der besidder de Skatte, som ingen kan bortføre. Dr. Muhlenberg, en luthersk Præst, har smukt skrevet:

> Hvem vilde ønske at leve al Tid
> Borte fra Gud og fra Himlen saa blid,
> Hvor Strømme af Salighed flyder saa klar',
> Og Guldharpers Toner lyder mest underbar',
> Og Heilige fra alle Tidsald're gaa
> Sin Frelser imøde, ja Brødre ogsaa,
> Mens Lovsangen strømmer fra Salighedsvæld,
> Og Frelserens Smil fylder Hjerte og Sjæl?
> De himmelske Toner, o hører jeg dem?
> Jo, Harpernes Triller saa sødt klinger frem.
> At se hine Porte af Guld lukkes op
> Og skue vor Konge, vor Saligheds Drot!
> O giv mig, o giv mig en Brevdues Kraft,
> Lad mig skynde mig opad med uhindret Fart!
> Henrykket, nu byder min flygtende Sjæl
> Vor Jord sit Farvel — et evigt Farvel.

En Vægtavle-Lexe.

Da jeg var i San Francisco, gik jeg den første Søndag til er Søndagsskole. Det var en regnfuld Dag, og der var saa

Dens Skatte.

faa tilstede, at Superintendenten havde til Hensigt at sende Børnene hjem, men istedet indbød han mig til at tale til hele Skolen som een Klasse. Lexen var Ordene i Bjergprædikenen: "Samler eder ikke Liggendefæ paa Jorden, som Møl og Rust fortære, og hvor Tyve bryde ind og stjæle."

Jeg bad en ung Mand at gaa op til Vægtavlen, og vi begyndte at sammenligne nogle faa Ting, som nogle Folk har paa Jorden, med nogle faa Ting, som andre Folk har i Himmelen.

"Nu," sagde jeg, "nævn nogle jordiske Skatte."

Alle raabte: "Guld!"

"Vel, det er nok saa," sagde jeg; "jeg formoder, at det er eders største Skat her i California. Lad os fortsætte; nævn en anden Skat."

En Dreng raabte:"Land!"

"Godt," sagde jeg; "jeg vil nedskrive Land."

"Hvad andet synes Folk her ude i California meget om og giver sit Hjerte?"

De svarede: "Huse."

"Skriv ned det; hvad andet?"

"Fornøielser."

"Nedskriv det."

" Ære – Berømmelse."

"Nedskriv disse Ord."

"Forretninger."

"Ja," sagde jeg, "mange Folk har sit Hjerte begravet i Forretninger,– nedskriv det." Halvt bange sagde en liden Pige: "Klæder," og hele Skolen lo.

"Nedskriv det," sagde jeg. "Jeg tror, der gives Folk i Verden, som tænker mere paa Klæder end paa noget andet. De lever for Klæder. Jeg hørte for ikke længe siden fra en

Himmelen

meget paalidelig Kilde om en Dame, der laa for Døden af Tæring. Hun havde levet i Verden og for Verden, og det syntes, som om Verden havde lagt fuldt Beslag paa hende. Hun troede, at hun vilde dø Torsdag Aften, og paa Torsdag ønskede hun, at man skulde krølle hendes Haar, saa at hun vilde se vakker ud i Ligkisten. Men hun døde ikke Torsdag Aften; hun levede over Fredag, men hun vilde ikke, at man skulde tage op hendes Haar, men holde det i Orden, indtil hun døde. Og hendes Venner sagde, at hun saa yndig ud i Ligkisten! Tænk, at skjænke saadanne Ting sit Hjerte!"

"Og hvad ellers?" De syntes at skamme sig derover, men en udbrød:

"Brændevin!"

"Ja," sagde jeg, "skriv det ned. Der gives mangen Mand, som skatter Brændevinsflasken høiere end Guds Rige. Han vil opgive sin Hustru, han vil opgive sit Hjem og sin Moder, sin Karakter og sit gode Navn for Brændevinsflaskens Skyld. Mange Mænd erklærer ved sit Liv: "Giv mig Brændevin, og jeg vil overlade dig Himmelen og al dens Herlighed; jeg vil sælge min Hustru og mine Børn; jeg vil gjøre dem til Tiggere og Fattiglemmer; jeg vil nedsætte og vanære dem for Brændevinsflaskens Skyld; den er min Skat."

"O, du Brændevinsflaske, jeg tilbeder dig!" er mangés Udraab; de vender Himmelen og al dens Herlighed Ryggen for Brændevinets Skyld. Nogle syntes nok, at naar den lille Dreng sagde: "Brændevin," begik han en Feiltagelse, — at det ikke var nogen Skat, men det er en Skat for Tusinder. En anden sagde:

"Hurtigløbende Heste."

Dens Skatte.

"Nedskriv det," sagde jeg; "der er mange, som priser gode Travere en hel Del, og de kjører ud om Søndagen og tilbringer Hviledagen paa denne Maade. — Da vi var færdige og havde nedskrevet alt, hvad vi kunde tænke paa, sagde jeg: "Sæt, at vi nedskriver nogle af de himmelske Skatte."

"Og," sagde jeg, "hvad er der nu, som Herren ønsker, at vi skal skjænke vort Hjerte og vor Kjærlighed?" Og alle udbrød:

"Jesus.".

"Godt, vi vil stille ham øverst paa Listen. Noget andet?"

Og de svarede: "Engle."

"Skriv dem ned. Vi vil faa deres Selskab, naar vi kommer til Himmelen. De er virkelig en Skat deroppe. Noget andet?"

"De Venner, som er afdøde i Kristo, — som er hensovede i ham."'

"Nedskriv det. Døden har borttaget dem fra os nu, men vi skulle snart samles med dem. Hvad mere?"

"Kroner."

"Ja, vi vil faa en Krone — en Herligheds Krone — en Retfærdigheds Krone — en Krone, der ikke bortfalmer. Noget andet?"

"Livsens Træ."

"Ja," sagde jeg, "Livsens Træ. Vi vil faa Ret dertil. Vi vil kunne gaa til hint Træ og plukke dets Frugt, æde og leve forevigt. Hvad mere?"

"Livsens Flod."

"Ja, vi skulle vandre paa Bredderne af hin rene Flod."

"Harper," sagde en.

En anden sagde: "Palmer."

"Ja," sagde jeg, "skriv dem ned; de er Skatte vi vil faa der."

"Renhed."

"Ja, der vil ingen anden end Rene blive der — hvide Klæder uden Plet eller Rynke. Mange finder Feil ved vor Karkter hernede, men om et Lidet vil Kristus fremstille os for Faderen uden Plet og Rynke, og vi skal staa fuldkomne i ham," sagde jeg. "Kan I tænke paa noget andet?" Og en af dem sagde:

"En ny Sang."

"Ja, vi vil faa en ny Sang. Det er Sangen om Moses og Lammet. Jeg ved ikke, hvem som har skrevet den eller hvorledes, men det vil blive en herlig Sang. Jeg formoder den Sang vi har her paa Jorden ikke vil blive noget sammenlignet med Sangene i hin høiere Verden. Ved I, at det vigtigste, som vi siges at skulle gjøre i Himmelen, er at synge, og det er Grunden til, at Folk bør synge hernede. Vi bør begynde at synge her, saa at det ikke vil falde os underligt, naar vi kommer til Himmelen. Jeg beklager den Kristen, som ikke har en Sang i sit Hjerte, — som aldrig føler Lyst til at synge. Det forekommer mig, at hvis vi i Sandhed er Guds Børn, vil vi ønske at synge derom. Og naar vi saa kommer der, kan vi ikke lade være at udraabe Himmelens høie Halleluja."

Derpaa spurgte jeg: "Er der noget andet?" Vel, de fortsatte. Jeg kan ikke anføre alt, da vi havde to Spalter nedskrevet af himmelske Skatte. Vi stod der en Stund og sammenlignede de jordiske og himmelske Skatte. Vi betragtede dem en Stund, og naar vi sammenlignede dem alle med Kristo, syntes de jordiske Skatte i Sandhed smaa. Hvad vilde hele denne Verden fuld af Guld være

Dens Skatte.

i Sammenligning med Kristo? I, som har annammet Kristum, vilde I være villige til at opgive ham for den Ære Jorden kan give eder for nogle faa Maaneder eller Aar? Tænk paa Kristum! Tænk paa Himmelens Skatte! Og tænk saa paa disse jordiske Skatte, som vi har sat vort Hjerte til, og som saa mange af os lever for.

Gud velsignede hin Lexe paa Vægtavlen paa en mærkværdig Maade; thi den, som havde nedskrevet Skattene paa Vægtavlen, traf til at være en uomvendt Søndagsskolelærer, som var kommen til California for at tjene Penge; hans Hjerte var hengivet til Guld, og han levede derfor istedet for Gud. Det var hans Hjertes Afgud, og Gud dømte ham der ved Vægtavlen, og han blev den første Omvendte Gud gav mig paa Stillehavskysten, og han var den sidste, der trykkede min Haand, da jeg forlod San Francisco. Han indsaa, hvor tomme de jordiske Skatte var, og hvor storartede og herlige Himmelens Rigdomme var.—O, hvis Gud kun vilde aabne eders Øine, — og jeg tror, at hvis I er oprigtige og beder ham derom, vil han gjøre det — han vil vise eder, hvor tom denne Verden er i Sammenligning med, hvad han har beredt for os.

Der er mange Folk, som undrer sig over, hvorfor de ikke saa at sige flyver og gjør stor Fremgang i det guddommelige Liv, — hvorfor de ikke tiltager mere i Naaden. Jeg tror, at en Grund nok er, at de har for mange jordiske Skatte. Vi behøver ikke at være rige for at have vort Hjerte hengivet til Rigdomme.

Himmelen

Vi behøver ikke at omgaaes mere med Verden end andre Folk for at have vort Hjerte der. Jeg tror den forlorne Søn befandt sig i det fjerne Land, længe før han havde sine Fødder der. Saa snart hans Hjerte var naaet derhen, var han der. Der er mangen Mand, som ikke omgaaes saa meget med Verden, som andre gjør, men hans Hjerte er der, og han vilde være der, om han kunde, og Gud ser paa Hjertet.

Det er klart, at Afgudsdyrkere ikke skal indgaa i Guds Rige. Jeg kan gjøre en Afgud af min Forretning; jeg kan gjøre en Afgud af min Hustru; jeg kan gjøre en Afgud af mine Børn. Jeg tror ikke I behøver at reise til hedenske Lande for at finde Folk, der er skyldige i Afgudsdyrkelse. Jeg tror I vil finde mange her, som har Afguder i sit Hjerte. Lad os bede om, at Guds Aand maa fordrive disse Afguder fra vore Hjerter, at vi ikke maa gjøre os skyldige i Afguderi, – at vi maa tilbede Gud i Aand og i Sandhed. Hvadsomhelst, der trænger sig imellem mig og Gud, er en Afgud – hvadsomhelst, ligegyldig hvad; Forretninger er rigtige nok paa sin Plads, og der er ingen Fare for at elske vor Familje for meget, hvis vi kun elsker Gud mere; men Gud maa have den fornemste Plads, og hvis han ikke har den, vil en Afgud indtage den.

Hele Evigheden for Hvile.

Ikke den ringeste af Himmelens Rigdomme vil blive Tilfredsstillelsen af hine Sjælens Behov, der saa meget føles her, men aldrig tilfredsstilles – saasom ubegrændset Kundskab, fuldkommen Fred og tilfredsstillende Kjærlighed. Lig et smukt Portræt, der er bleven vansiret

Dens Skatte.

— overstrøget med Linjer af sort — og siden gjenoprettet til sin oprindelige Skjønhed, saaledes gjenoprettes Sjælens fulde Skjønhed, naar den vaskes i Jesu Kristi Blod. Det udtryksløse Billede paa Lærredet kan dog ikke anderledes sammenlignes med den levende, fornuftige Sjæl.

Hvis vi blot kunde se nogle af vore Venner, der er gangne forud for os, vilde vi sandsynligvis føle os tilbøielige til at falde ned for dem. Apostelen Johannes havde seet saa mange mærkværdige Ting, og dog faldt han ned for at tilbede en af de klare Engle, der traadte frem for ham for at aabenbare nogle af Himmelens Hemmeligheder for ham.

Han siger i Aabenbaringens sidste Kapitel: "Og jeg, Johannes, er den, som saa og hørte disse Ting; og der jeg havde hørt og seet, faldt jeg ned at tilbede for Engelens Fødder, som viste mig disse Ting. Og han sagde til mig: Gjør det ikke! thi jeg er din Medtjener, og dine Brødres, Profeternes, og deres, som bevarer denne Bogs Ord; tilbed Gud!"

Blandt de Behov vi har paa Jorden er Tørsten efter Kundskaber. Skjønt Synden har meget svækket Menneskets Aandsevner, kan den dog ikke borttage Begjærligheden efter Kundskaber. Men trods alle dets Bestræbelser — trods alt, hvad man tror at vide om Astronomi, Kemi, Geologi og de øvrige Videnskaber, er dog vort Kjendskab til Naturens Hemmeligheder endnu indskrænket.

Der er endnu mange Ting, som vi ikke ved. Tusinder af Astronomer har levet og er døde, og Tidsaldere er henrullede, og dog var det kun for kort Tid siden, at man opdagede, at Planeten Mars har to Maaner. Maaske vil nogen i kommende Tidsaldere opdage, at de slet ikke er Maaner. Dette er, hvad det meste af vor menneskelige Kundskab beløber sig til.

Himmelen

Der er ikke en eneste af Landets Professorer — og mange af dem har besøgt næsten ethvert Sted i Verden, — som ikke er begjærlig efter at lære mere og mere — at erfare noget nyt — at gjøre nye Opdagelser. Om vi kjendte alle Firmamentets Stjerner lige godt, som vi kjender vor egen Jord, vilde vi dog ikke være tilfredse.

Ikke førend vi bliver lig Gud, kan vi fatte det Uendelige. Selv de ufuldstændige Glimt af Gud, som vi faar ved Troen, tjener kun til at forøge vor Begjærlighed efter mere. Thi nu — som Paulus siger i første Brev til Korinthierne, trettende Kapitel og tolvte Vers: "Nu ser vi ved et Speil, i en mørk Tale, men da skulle vi se Ansigt til Ansigt; nu kjender jeg stykkevis, men da skal jeg erkjende, ligesom jeg og er erkjendt."

Sæt, at vi ikke vidste noget andet om Solen, end hvad vi ser af dens Lys som Gjenskin fra Maanen. Vilde vi ikke undre os over dens uhyre Afstand, dens blændende Glands og dens livgivende Kraft? Alt, hvad vi ser — Solen, Maanen, Stjernerne, Havet, Jorden, Blomsterne og fremfor alt Mennesket — udgjør et storartet Speil, hvori Guds Fuldkommenhed er ufuldstændig afspeilet.

Et andet Behov vi har er Hvile. Vi bliver trætte af at arbeide. Og dog er der ingen virkelig Hvile paa Jorden. I Ebræerbrevets fjerde Kapitel, niende Vers, læser vi: "Altsaa er der en Sabbatshvile tilbage for Guds Folk. Thi hvo, som er indgaaet til hans Hvile, ogsaa han hviler fra sine Gjerninger, ligesom Gud fra sine. Lader os derfor beflitte os paa at komme ind til hin Hvile, paa det ikke nogen skal falde efter samme Vantros Exempel."

Skjønt vi alle behøver Hvile, tror jeg mange Folk begaar en Feiltagelse, naar de tror, at Kirken er et Sted for Hvile; og naar de slutter sig til en Menighed, har de en falsk Anskuelse om sin Stilling i den. Der er mange, som slutter sig til Menigheden for at finde Hvile. Texten siger os, at "der er en Sabbatshvile tilbage for Guds Folk," men den siger ikke, at Menigheden er et Sted for Hvile; vi har hele Evigheden at hvile os i. Vi vil finde Hvile om et Lidet; men vi bør arbeide her, og naar vort Værk her er endt, vil Herren kalde os hjem for at nyde hin Hvile. Det nytter ikke at tale om Hvile hernede i Fiendens Land. Vi kan ikke hvile i denne Verden, hvor Menneskens Søn er bleven korsfæstet og kastet ud. Jeg tror, at mange Folk vil tabe sin Belønning, fordi de er komne ind i Menigheden med den Ide, at de vil finde Hvile der, som om Menigheden arbeidede for Belønningen, istedet for at enhver bør søge at opbygge sit eget Hus (forarbeide sin egen Saliggjørelse) og anvende al sin Indflydelse paa at opbygge Kristi Rige.

I Aabenbaringens fjortende Kapitel og trettende Vers læser vi: "Og jeg hørte en Røst fra Himmelen, som sagde til mig: Skriv: Salige er de Døde, som dø i Herren herefter. Ja Aanden siger, at de skulle hvile fra deres Arbeider, men deres Gjerninger følge dem."

Døden kan berøve os Penge. Døden kan berøve os Stilling. Døden kan berøve os vore Venner; men der er noget Døden aldrig kan gjøre, og det er: berøve os det Værk vi udfører for Herren. Det vil leve forevigt. "Deres Gjerninger følger dem." Hvor meget udretter vi? Hvadsomhelst vi gjør udenom os selv og uden lave og selviske Bevæggrunde, det skal aldrig dø. Vi er forundte at sætte i Bevægelse Strømme af Virksomhed, der vil vedblive at rinde, naar vi er døde og borte.

Himmelen

Det er alles Rettighed at leve mere i Fremtiden end i Nutiden, saa at deres Liv vil have mere Indflydelse om femti eller Hundrede Aar, end de nu har.

John Wesleys Indflydelse er tusind Fold større i vore Dage, end den var, da han levede. Han lever endnu; han lever i Hundreder af Tusinder af sine aandelige Efterkommeres Liv.

Martin Luther lever mere virkelig i vor Tid, end han gjorde for tre Aarhundreder siden, da han vakte Liv i Tyskland. Han levede da kun eet Liv – og det i kort Tid. Men nu, betragt de Hundreder og Tusinder og Millioner af Liv han lever! Der er mellem femti og sexti Millioner Mennesker, der bekjender sig at være den Herres Jesu Kristi Efterfølgere ifølge Martin Luthers Lære, og hvilke bærer hans Navn. Han er Død i Verdens Øine, men "hans Gjerninger følger ham." Han lever endnu.

Døberen Johannes' Røst klinger gjennem Verden idag, skjønt næsten nitten hundrede Aar er hengangne, siden Herodias begjærde hans Død. Herodes troede, at han ved at halshugge ham kunde forstumme hans Røst, men den lyder over hele Jorden den Dag idag. Døberen Johannes lever, fordi han levede for Gud; men han er indgaaet til sin Hvile, og "hans Gjerninger følger ham."

Og hvis de histoppe kan se, hvad der foregaar paa Jorden, hvor megen Glæde maa de ikke have af at tænke paa, at de har sat disse Strømme i Bevægelse, og at dette Værk fortsættes – fortsættes efter dem!

Hvis en Person lever et lavt, selvisk Liv, farer han ned i Graven, og hans Navn og alt, hvad der vedkommer ham, farer ned i Graven med ham. Hvis han er begjærlig efter at afterlade et Ry, af selviske Bevæggrunde, forraadner hans Navn med hans Legeme. Men hvis en

Dens Skatte.

Person gaar udenom sig selv og begynder at virke for Gud, vil hans Navn leve forevigt. Reis til Skotland, ogdu vil finde John Knox's Indflydelse overalt; det synes, som om man næsten kan føle denne Mands Bønners Aande i Skotland den Dag idag. Hans Indflydelse lever endnu. "Salige er de Døde, som dør i Herren. De hviler fra sit Arbeide, og deres Gjerninger følger dem." Salige Hvile ivente! Vi vil finde Hvile om et Lidet; men vi bør ikke ødsle vor Tid med at tale om Hvile, medens vi er her.

Hvis jeg skal aftørre hin faderløse Drengs Taarer, maa jeg gjøre det hernede. Det siges ikke i Bibelen, at vi skal faa Anledning til at gjøre det hisset. Hvis jeg skal ophjælpe en eller anden falden Person, der er bleven overvunden af Synden, maa jeg gjøre det her. Vi vil ikke faa Anledning til at være Guds Medarbeidere hisset, — det er vor Rettighed idag — maaske ikke imorgen; den vil da maaske fratages os; men vi kan indgaa i Vingaarden og gjøre lidt idag, førend Solen gaar ned. Vi kan gjøre lidt nu, førend vi indgaar til Herligheden.

Et andet Behov, som vi føler her, er Kjærlighed. Himmelen er det eneste Sted, hvor Kjørlighedens Betingelser kan opfyldes. Der er Kjærligheden i sit Væsen gjensidig. Enhver elsker enhver anden. I denne Verden af Ugugelighed og Synd synes det umulig for Folk at være fuldkommen ligestillede. Naar vi træffer Folk, som er oplyste, vakre og gode, falder det os ikke vanskeligt at elske dem. Hele Himmelens Befolkning vil blive saadan. Der vil ikke blive nogen Frygt for at skjænke en uværdig Person sin Tiltro. Der vil vi aldrig blive skuffede af dem, vi elsker. Saa snart en elsket Person bliver mistænkt og

Himmelen

miskjendt, er det forbi med hans Lykke. Der vil ikke blive
nogen Mistanke og Miskjendelse der.

 Hinsides disse mørke Sky'r,
  Hinsides Dødens Porte,
 Der er et Land, hvor Skjønhed aldrig flyr
  Og Kjærlighed bli'r borte.

O, salige Fryd være der.

Vi tale om Himmelens Land,
    Saa herlig, saa lys og saa kjær;
Blot Tanken henrykke os kan;
    O, salige Fryd være der!

Vi tale om Gader af Guld,
    En Mur, som juvelsmykket er,
Af Undre og Glæder helt fuld,
    O, salige Fryd være der!

Vi tale om Fred der og Fryd,
    Og Klæder de Hellige bær',
De Saliges Jubelsangs Lyd;
    O, salige Fryd være der!

Vi tale om Frihed fra Synd,
    Fra Sorger og Fristelser der,
Fra Prøver for Sjæl og for Sind;
    O, salige Fryd være der!

O, Herre, i Glæde og Ve
    For Himlen bered du os her,
Da snart vi skal kjende og se
    Og føle hvor sødt være der

Ei her! Ei her!

Ei her! Ei her! Ei, hvor de blanke Vande
   Bli'r til en Ørken, naar vi komme nær,
Hvor hvert et Fodtrin synker dybt i Sandet.
   "Jeg skal bli' vel tilfreds;"'men ikke her!

Der er et Land, hvor hver en Puls slaar Triller,
   Med Fryd, som Jordens Vandrer ei forstaar,
Hvor himmelsk Hvile hvert træt Hjerte stiller,
   Og sagte Livets stride Strømme gaar.

"Tilfreds! Tilfreds!" Min Sjæl skal der ei længes
   At finde Samfundskab med lige Sind.
Min stille Kjærlighed skal ei beskjæmmes,
   Hver Følelse skal der sit Udtryk find'.

'Tilfreds jeg der skal bli'." Min dybe Længsel —
   Den Tomhed Jorden ei kan fylde op!
O, hvilke Ønster fylder mig til Trængsel,
   Naar jeg til Himlens Høie skuer op!

Didhen jeg mine trætte Fjed nu retter.
   O Frelsermand, bliv hos mig, Svage, stedj',
Og før mig hjem igjennem Jordens Nætter,
   Indtil jeg ser dig og bli'r " vel tilfreds."

Syvende Kapitel.

Dens Løn.

Hver skal faa sin egen Løn efter sit eget Arbeide. (1 Cor. 3. 8).

Min Løn er med mig, til at betale hver, som hans Gjerninger monne være. (Aab. 22.12).

Hvis jeg forstaar Sagen rigtig, er Folk, som venter at blive belønnede her for at gjøre ret, uskikkede til at virke for Gud; thi hvis de venter Menneskenes Bifald — venter Belønning her i Livet, da vil dette gjøre dem uskikkede til Guds Tjeneste, fordi de stadig maa gjøre Indrømmelser paa Sandhedens Bekostning.

De er bange for at saare Folks Følelser. De er bange for, at nogen skal kunne sige noget imod dem, eller at Avisartikler vil blive skrevne mod dem. Men vi maa trampe Verden under vore Fødder, hvis vi skal kunne vente at faa Belønningen hisset. Hvis vi lever for Gud, maa vi lide

Himmelen

Forfølgelse. Mørkets Rige og Lysets Rige befinder sig i Kamp — og har altid været det — og vil blive det, saa længe Satan tillades at herske i denne Verden. Saalænge Mørkets Rige tillades at existere, vil der blive en Kamp, og hvis vi ønsker at være populære i Guds Rige, — hvis du ønsker at være populær i Himmelen og opnaa en Belønning, der skal vare forevigt, maa du være upopulær her.

Hvis du venter Menneskers Bifald, kan du ikke vente, at Herren vil sige: "Vel, du gode og tro Tjener," ved Vandringens Ende. Du kan ikke have begge Dele. Hvorfor? Fordi denne Verden befinder sig i Strid med Gud. Den Ide, at Verden stedse bliver bedre, er falsk. Det gamle naturlige Hjerte er lige saa meget i Fiendskab mod Gud, som det var, da Kain slog Abel ihjel. Synden hoppede fuldvoxen ind i Verden i Kain. Og lige fra den Tid Kain blev født til Verden, til det nærværende Øieblik, har Mennesket af Naturen befundet sig i Strid med Gud. Denne Verden blev ikke grundlagt paa Naaden, og vi maa kjæmpe mod "Verden, Kjødet og Djævelen;" og hvis vi kjæmper mod Verden, vil Verden ikke synes om os, og hvis vi kjæmper mod Kjødet, vil Kjødet ikke synes om os. Vi maa døde Kjødet; vi maa korsfæste det gamle Menneske og holde det i Tømme. Da vil vi om et Lidet erholde vor Belønning, — og en herlig Belønning vil det blive!

Vi læser i Lukas 16.15: "Og han sagde til dem: I er de, som retfærdiggjør eder selv for Menneskene, men Gud kjender eders Hjerter; thi hvad, som er høit blandt Menneskene, er en Vederstyggelighed for Gud."

Vi maa gaa lige imod denne Verdens Strøm. Hvis Verden ikke har noget at sige imod os, kan vi være fuldt forvissede om, at den Herre Jesus Kristus har meget lidet at sige for os. Der gives dem, som ikke synes om at gaa mod Verdens

Strøm. De indrømmer, at dette eller hint er urigtig, men de siger ikke et Ord derimod af Frygt for at blive upopulære. Hvis vi gjør Regning paa at vinde Belønningen, maa vi stride Troens gode Strid. For alle saadanne er der, som Paulus har sagt, "henlagt en Retfærdigheds Krone, som Herren, den retfærdige Dommer, skal give os paa hin Dag."

Frygt for Døden.

Hvor lidet indser vi ikke Betydningen af Ordet Evighed! Hele Tiden mellem Verdens Skabelse og dens Ende vilde ikke udgjøre en Dag i Evigheden. I Tiden er den lig Rummets Uendelighed, hvis Midtpunkt er overalt og hvis Grændser er intetsteds. Vi læser i Ebræerbrevet: "Efterdi da Børnene er delagtige i Kjød og Blod, er han i lige Maade bleven delagtig deri, paa det at han ved Døden skulde gjøre den magtesløs, som havde Dødens Vælde, det er Djævelen, og befrie dem, saa mange, som formedelst Dødens Frygt var under Trældom al deres Livs Tid."

Der gives mange, som bekjender sig at være Guds Børn, hvilke lever i stadig Trældom – i uophørlig Frygt for Døden. Jeg tror, at dette er at vanære Gud. Jeg tror ikke det er hans Vilje, at et eneste af hans Børn skal leve i Frygt for Døden et Øieblik.

Hvis du erkjender Sandheden, som den er i Kristo, behøver du ikke at nære nogen Frygt, fordi Døden kun vil bringe dig ind i Herligheden, og dit Navn er allerede der.

Og saa er vor næste Tanke om dem, som er os kjære. Jeg tror, at det ikke blot er os forundt at have vore Navne skrevne i Himmelen, men ogsaa deres, hvem Gud har givet os, og vort Hjertes Følelser bør ogsaa være for

Himmelen

dem. Løftet gjælder ikke blot os, men ogsaa vore Børn. Mangen Faders og mangen Moders Hjerte er behyrdet med Omsorg for deres Børns Frelse. Hvis dit eget Navn er der, lad din næste Bestræbelse i Livet være at faa de Børn, Gud har givet dig, derhen ogsaa.

En Moder laa for Døden i en af de store østlige Stæder for nogle Aar siden og hun havde en stor Flok Børn. En Dag, da hun var Døden nær, blev Børnene førte ind til hende — eet ad Gangen. Hun gav det ældste sit sidste Raad og sin moderlige Velsignelse; og da det andet blev ført ind, lagde hun Haanden paa dets Hoved og gav det sin Velsignelse; derpaa blev det næste og saa det næste Barn ført ind og tilsidst Diebarnet; hun tog det i sine Arme og trykkede det til sit elskende Hjerte, og hendes Venner mærkede, at dette paaskyndte hendes Endeligt, — at hun var bevæget, og da de gik for at borttage det lille Barn fra hende sagde hun: "Min Mand, jeg paalægger dig at bringe alle disse Børn hjem med dig." Paa samme Maade paalægger Gud os Forældre at bringe vore Børn hjem med os — ikke blot at have vore egne Navne skrevne i Himmelen, men ogsaa vore Børns Navne.

En bekjendt kristelig Arbeider i Guds Vingaard i New York fortalte mig en Histori, der rørte mig dybt.

En Fader havde en Søn, som havde været syg i nogen Tid, men han ansaa ham ikke farlig syg, førend han en Dag kom hjem til Middag og fandt sin Hustru grædende, og han spurgte: "Hvad er paafærde?"

"En stor Forandring er foregaaet med vor Søn siden imorges," sagde Moderen, "og jeg frygter for, at han er Døden nær; jeg ønsker dig at gaa ind og se ham, og hvis du tror, at det forholder sig saa, sig ham det; thi jeg formaar det ikke."

Dens Løn.

Faderen gik ind og satte sig ved Sengen og lagde sin Haand paa hans Pande, og han kunde føle Dødens kolde Sved, og han vidste, at den iskolde Haand søgte efter Livstraaden, og at hans Søn snart vilde blive borttagen, og han sagde til ham:

"Min Søn, ved du, at du er Døden nær?"

Den lille Fyr saa op til ham og sagde:

"Nei, er det sandt? Er dette Døden jeg føler stjæle sig over mig, Fader?"

"Ja, min Søn, du ligger for Døden."

"Vil jeg leve til i Aften?"

"Nei, du vil maaske dø om et Øieblik."

Han saa op til sin Fader og sagde:

"Jeg skal blive hos Jesum iaften, Fader, ikke sandt?"

Og Faderen svarede: "Jo, min Deeng, du vil tilbringe Aftenen med Frelseren," og Faderen vendte sig bort for at skjule sine Taarer, saa at ikke den lille Dreng skulde se ham græde; men han saa Taarerne og sagde:

"Fader, græd ikke for mig; naar jeg kommer til Himmelen, vil jeg gaa lige til Jesum og sige ham, at saa langt, som jeg kan erindre tilbage, har du søgt at lede mig til ham."

Jeg har tre Børn, og mit Hjertes største Ønske er, at de maa blive frelste, — at jeg maa vide, at deres Navne er skrevne i Livsens Bog. Jeg kan blive borttagen fra dem tidlig og efterlade dem i denne Verden uden en Faders Omsorg; men jeg vilde hellere, at mine Børn skal sige om mig, naar jeg er gaaet bort — eller om de dør for mig, vilde jeg hellere, at de skulde medbringe det Bud til Herren —, at saa langt tilbage, som de kan erindre, har jeg forsøgt at lede dem til Herren, end have paa min Grav et Monument, naaende lige til Skyerne.

Vi bør ikke betragte Døden, som vi gjør. Navnelisten oplæses, og den ene efter den anden bortkaldes; men hvis vore Kjæres Navne er der, hvis vi ved, at de er frelste, hvor sødt er det ikke, efter at de har forladt os, at tænke paa, at vi skal møde dem om et Lidet, — at vi skal se dem ved Morgengry, naar Natten er forbi.

Under Borgerkrigen laa en ung Mand paa en Feltseng, og man hørte ham sige: "Her! her!" og nogen gik til ham og spurgte ham, hvad han ønskede, men han sagde: "Lyt, hys, hører du dem ikke?" "Hører hvem?" spurgtes der. "De opraaber Navnene i Himmelen," sagde han, og snart udbrød han: "Her!" — og han var ikke mere.

Hvis vore Navne er indskrevne i Livsens Bog, vil vi, naar om et Lidet vort Navn bliver opraabt, kunne sige med Samuel: "Her er jeg!" og ile Ham imøde. Og hvis vore Børn bortfaldes tidlig, o, det er saa sødt at tænke paa, at de er døde i Kristo, — at den store Hyrde tager dem i sine Arme og bærer dem i sin Barm, og at vi skal møde ham om et Lidet.

Paulus, den kristne Helt.

Maaden at naa Himmelen paa er at blive frelst ved Troen paa Jesum Kristum.

Vi erholder Frelsen som Gave, men vi maa "for= arbeide" den paa samme Maade, som om vi erholdt en Guldgrube som Gave.

Jeg erholder ikke en Krone ved at slutte mig til en Menighed eller leie en Plads i en Kirke.

Der var Paulus. Han vandt sin Krone. Han havde

Dens Løn.

mangen en haard Kamp; han mødte Satan paa mangen en Slagmark, men han overvandt ham og erholdt Kronen. Der vilde kræves omtrent ti tusen af vor Tids – eller nogen anden Tids – almindelige Kristne til at opveie mod een Paulus. Naar jeg læser denne Apostels Liv, skammer jeg mig over det nittende Aarhundredes Kristendom. Den er saa skrøbelig og sygelig.

Se, hvad han gjennemgik. Han blev fem Gange hudstrøgen. Den gamle romerske Pidskestraf bestod i at binde Fangens Hænder sammen og binde ham i en foroverbøiet Stilling, og en romersk Soldat flog ham paa Ryggen med en Svøbe, der var forsynet med Jernspidse, der skar gjennem Huden, saa at en Fange ofte døde under Pidskningen. Men Paulus beretter, at han blev hudstrøgen fem Gange. Hvis vi skulde saa et eneste Slag paa vor Ryg, hvorledes vilde vi ikke hyle! Før Solnedgang vilde firti Forlæggere løbe efter os for at kunne udgive vor Levnetsbeskrivelse og tjene Penge derved. Men Paulus siger: "Fem Gange erholdt jeg firti Slag – mindre end eet." Det var intet for ham. Tag Plads ved hans Side.

"Paulus, du er bleven pidsket af disse Jøder fire Gange, og de vil nu give dig ni-og-tredive Slag til; hvad agter du at gjøre, naar du bliver fri igjen? Hvad agter du at gjøre ved Sagen?"

"Gjøre?" svarer han. "Et gjør jeg – rækkende efter det, som er foran, iler jeg mod Maalet til det Klenodi, som hører til Guds Kald herovenfra." Han var paa Veien til sin Krone. Han ønskede ikke at miste den. "Tro ikke, at nogle Slag vil standse mit Løb; disse smaa Trængsler er intet."

Og saa gav de ham ni-og-tredive Slag til.

Han havde begivet sig paa Banen for Kristi Skyld, og

Himmelen

han fortsatte Løbet mod Himmelen. Om jeg maa bruge et saadant Udtryk: Djævelen fandt sin Overmand, da han traf Paulus. Han kunde ikke drives af Veien. Han satte sig aldrig ned for at skrive et Brev til sit eget Forsvar. Al den Styrke han havde gav han Kristum. Han gav ikke det aller ringeste deraf til Verden eller til sit eget Forsvar. "Dette ene gjør jeg," sagde han, "jeg vil ikke tabe Kronen." – Pas paa, at ingen borttager din Krone!

"Tre Gange slaaet med Kjæppe." Tag atter Plads ved hans Side.

"Nu, Paulus, de har slaaet dig to Gange og agter at slaa dig igjen. Hvad vil du gjøre? Vil du fortsætte at prædike? Hvis du vil, lad mig give dig et Raad: vær ikke fuldt saa radikal; vær lidt mere konservativ; brug et lidt finere Sprog og omgiv Korset, saa at sige, med smukke Ord og velklingende Talemaader, og sig Folk, at de er nok saa gode, – at de ikke er saa slette, og søg at formilde Jøderne, – gjør dem til dine Venner og stil dig i godt Forhold til Verden, og Verden vil anse dig bedre; vær ikke saa ivrig, vær ikke saa radikal, Paulus; nu, følg mit Raad; hvad vil du gjøre?"

"Gjøre?" svarer han. "Et gjør jeg – rækkende efter det, som er foran, iler jeg mod Maalet til det Klenodi, som hører til Guds Kald herovenfra." Og saa slog de ham, og hvert Slag løftede ham nærmere mod Gud.

Tag atter Plads ved hans Side. De begynder at stene ham. Det var den Maade, hvorpaa de dræbte dem, som ikke prædikede efter deres Behag.

Det synes, som om han vilde blive betalt med sin egen Mynt; thi da Stefanus blev stenet tildøde, opmuntrede

Dens Løn.

Paulus, som den Gang var kjendt under Navnet Saulus, Mængden.

"Nu, Paulus, dette begynder at blive alvorligt; gjør du ikke bedst i at tilbagekalde noget af, hvad du har sagt om Jesum? Hvad vil du gjøre nu?"

"Gjøre?" siger han; "hvis de tager mit Liv, vil jeg kun faa min Krone saa meget snarere."

Han vilde ikke give efter en Tomme. Han havde noget, som Verden ikke kunde give; han havde noget den ikke kunde borttage; han havde evigt Liv, og en Herligheds Krone ventede ham.

Disse lette Trængsler.

Tre Gange led Paulus Skibbrud og befandt sig et Døgn i Dybet. Betragt den mægtige Apostel — en hel Dag og Nat i Dybet. Der var han — skibbruden, og hvorfor? Var det for at tjene Penge? Han jagede ikke efter Penge. Han var kun paa Reise fra Stad til Stad, fra Landsby til Landsby for at prædike Guds herlige Evangelium og at ophøie Korset, hvorsomhelst han havde Anledning. Han gik ned til Korinth og prædikede i atten Maaneder, men han havde ikke en Skare af Korinths fremragende Præster siddende bag Talerstolen, medens han prædikede. Ikke en eneste Mand stod ham bi. Da han kom til Korinth, kom ingen af de lebende Forretningsmænd til ham for at bistaa og opmuntre ham; men den lille Teltmager kommer til Korinth som en Fremmed, og det første han gjør er at finde et Sted, hvor han kunde forfærdige et Telt; han gaar ikke til et Hotel; hans Midler vilde ikke tillade det; han gaar til et Sted, hvor han kan tjene sit Brød i sit Ansigts Sved. Tænk paa hin store Apostel, at han forfærdigede et Telt og gik derpaa ud paa et Gadehjørne for at prædike; en og anden Gang gik han vel ind i en Synagoge, men Jøderne drev ham ud; de ønskede ikke at høre ham prædike om Jesum den Korsfæstede.

Naar jeg læser om en saadan Mand, hvorledes skammer jeg mig ikke ved at tænke paa, hvor sygelig og forkrøblet Kristendommen er i vor Sid, og hvor mange Hundreder der er, som aldrig tænker paa at virke for Guds Søn og ære ham.

Dog, da Paulus skrev hint Brev tilbage til Korinth, opregnede han nogle af de Ting, som han havde. Han er rig, siger han, paa "Reiser, i Farer i Vandstrømme, i Farer blandt Røvere, i Farer blandt mit eget Folk, i Farer blandt Hedninger, i Farer i Byer, i Farer i Ørkenen, i Farer paa Havet, i Farer blandt falske Brødre" — dette sidste maa have været det haardeste af alt — "i Arbeide og Møie, ofte i Nattevaagen, i Hunger og Tørst, ofte i Fasten, i Kulde og Nøgenhed; foruden hvad der kommer til i det daglige Overløb og Bekymringer for alle Menigheder" (2 Cor. 11. 26-28). Dette er kun noget af, hvad han opregnede. Ved I, hvad der gjorde ham saa usigelig lykkelig? Fordi han troede Skriften; han troede Bjergprædikenen. Vi bekjender at tro den; vi foregiver at tro den, men faa af os tror den mere end halvt. Lyt til een Sætning i hin Prædiken: "Glæder og fryder eder; thi eders Løn skal være megen i Himmelen," naar I forfølges her. Forfølgelse var omtrent alt, hvad Paulus havde.

Det var hans Kapital, og han havde en hel Del deraf; han havde samlet sig mange Forfølgelser, og en stor Løn ventede ham. Kristus siger: "Glæder og fryder eder; thi

Dens Løn.

eders Løn skal være megen i Himmelen." Hvis Jesus Kristus omtalte den som "megen," maa den i Sandhed være mærkværdig stor. Vi kalder Ting store, som nok synes meget smaa for Jesum Kristum, og Ting, som synes smaa for os, kan synes meget store for ham. Naar han, den store Kristus, Himmelens og Jordens Skaber, — han, som skabte Himmelen og Jorden ved sin store Magt, — naar han kalder Lønnen stor, hvad maa den ikke være?

Maaske nogle Folk sagde til Hedningernes Apostel: "Nu, Paulus, du finder for megen Modstand, du lider for meget."

Hør ham svare: "Vor Trængsel, som er stakket og let, bringer os en evig og over al Maade vigtig Herlighed."

"Vor Trængsel, som er kortvarig og let," kalder han det. Vilde vi ikke have kaldt den meget haard — meget tung — ikke sandt?

Men han siger: "Denne kortvarige og lette Trængsel er intet; betænk Herligheden hisset og Kroningsdagen; betænk Belønningen henlagt for mig. Jeg befinder mig paa Veien; den retfærdige Dommer vil give mig den, naar Tiden kommer." Det var dette, som opfyldte hans Sjæl med Glæde — det var Tanken paa den Løn Herren havde opbevaret for ham.

Nu, mine Venner, lad os for et Øieblik betænke, hvad Paulus udrettede. Betænk hans Bortgang til Hedningerne — den første Missionær for at prædike for disse Folk, der var saa fulde af Ugudelighed — saa fulde af Fiendskab og Bitterhed —, Jesu Kristi herlige Evangelium og forkynde dem, at den Mand, som døde udenfor Jerusalems Mure en almindelig Fanges — en almindelig Forbryders Død i Verdens Øine, var den

Himmelen

forjættede Kristus, — at forkynde dem, at de maatte tro paa dette korsfæstede Menneske for at kunne indgaa i Guds Rige. Tænk paa det mørke Bjerg, der hævede sig foran ham; tænk paa Modstanden; tænk paa den bitre Forfølgelse, og tænk da paa Ubetydelighederne i vor Vei.

Sange i Fængslet.

Men mange verdsligsindede Mennesker anser Pauli Liv som en Mislykkelse. Muligens troede hans Fiender, at naar de kastede ham i Fængsel, vilde de kunne bringe ham til Taushed; men jeg tror virkelig, at Paulus nu takker Gud mere for Fængsler, Slag, Forfølgelse og Modstand end for noget andet, der vederfores ham her.

Netop hvad vi synes mindst om, er ofte bedst for os.

De Kristne vilde muligens ikke have havt disse herlige Breve, hvis Paulus ikke var bleven kastet i Fængsel. Der tog han Pennen og skrev Breve til de Kristne i Galatien, Ephesus, Philippi, Kolosæ og til Philemon og Thimotheus. Betragt de to Breve han skrev til Korinthierne. Hvor meget er ikke bleven udrettet for Verden ved disse Breve! Hvilken Velsignelse har de ikke været for Guds Kirke! Hvilket stort Lys har de ikke kastet paa mangen Mands Liv! Men vi vilde maaske ikke have havt disse Breve, hvis ikke Forfølgelserne havde været.

Maaske John Bunyan nu takker Gud mere for Bedford Fængsel end for noget andet, der vederfores ham. Muligens vilde vi ikke have hans "Pilegrims-Vandring," hvis han ikke var bleven kastet i hint Fængsel. Satan troede, at han havde udrettet meget, naar han indespærrede Bunyan i tolv Aar og sex Maaneder; men hvilken Velsignelse var

Dens Løn.

det ikke for Verden! Og jeg tror Paulus takker Gud idag for Philippi Fængsel og for sit Fangenskab i Rom, fordi han der fandt Tid til at skrive hine herlige Breve.

Tal om, at Alexander bragte Verden til at skjælve ved sine Armeers Fodtrin, og om Cæsars og Napoleons Magt; men her er en liden Teltmager, som uden nogen Armee vendte op ned paa Verden.

Hvorfor?

Fordi den almægtige Gud var med ham.

Paulus siger etsteds: "Jeg agter intet" (Ap. Gj. 20. 24). Man kastede ham i Fængsel, men det var det samme; han agtede det ikke. Da han var i Korinth og Athen og prædikede, var dette ham ligegyldig. Han "ilede kun mod Maalet for sit Kald." Hvis Gud vilde, at han skulde gjennemgaa Fængsler for at vinde en Krone, var det det samme for ham. Man kastede ham i Fængsel, men den Almægtige fulgte ham der, og Paulus var saaledes forenet med Jesum, at de ikke kunde adskilles. Han foretrak at være i Fængsel med Kristum for at være fri uden ham. Han vilde tusinde Gange hellere blive kastet i Fængsel med Guds Søn og lide lidt Forfølgelse for nogle Dage hernede end leve i Mag uden ham.

Han hørte Raabet: "Kom over til Makedonien og hjælp os!" Han reiste derhen og prædikede, og det første, som vederfores ham, var at blive kastet i Fængslet i Philippi. Hvis han havde været saa modløs som de fleste af os, vilde han være bleven dybt skuffet og nedstemt; han vilde have beklaget sig meget.

Han vilde have sagt: "Dette er et forunderligt Forsyn; hvad bragte mig hid? Jeg troede Herren kaldte mig hid; men her er jeg i Fængsel i en fremmed Stad; hvorledes kom

Himmelen

jeg hid? Hvorledes skal jeg nogensinde komme ud herfra? Jeg har ingen Penge; jeg har ingen Venner; jeg har ingen Advokat; jeg har ingen, der kan mægle for mig, og her er jeg." Paulus og Silas blev ikke blot kastede i Fængsel, men deres Fødder blev bundne; der laa de – i det indre Fængsel, en mørk, kold, fugtig Hule. Men ved Midnat hørte de andre Fanger en mærkværdig Lyd; de havde aldrig hørt noget lignende før; de hørte Sang. Jeg ved ikke, hvilken Sang hine to indespærrede Evangelister sang, men jeg ved, at det ikke var nogen "Klagesang fra Gravene." I ved, vi har en Sang: "Lyt til en Klagesang fra Gravene." Det var ikke den de sang, men Bibelen beretter os, at de sang en Lovsang. Det var et underligt Sted at synge en Lovsang paa, ikke sandt?

Jeg formoder, at det var Tiden for Aftenbønnen, og at de netop havde holdt sin Aftenbøn og derpaa sang sin Aftensang. Og Gud hørte deres Bønner, og det gamle Fængsel rystede, Lænkerne faldt af dem og Fængselsdørene aabnedes. Ja, ja, jeg har ingen Tvivl om, at i Herligheden takker han Gud for, at han blev kastet i Fængsel, og for Fangevogterens Omvendelse.

Bortfaren til Herligheden.

Men betragt ham i Rom. Nero havde underskrevet hans Dødsdom. Tag Plads ved hans Side og betragt den lille Mand. Han er liden; i Verdens Øine var han foragtelig (2 Cor. 12.10). Verden ser ned paa ham. Gaa til Kongens Palads og tal om denne Forbryder – om Paulus –, og du vil mærke et Grin paa deres Ansigt. "O, han er en Fanatiker," siger de; "han er gal." Jeg ønsker Verden var fuld af saadanne Fanatikere. Jeg forsikrer eder, at

Dens Løn.

hvad vi behøver i vor Tid, er nogle saa Fanatikere lig ham — Mænd der ikke frygter anbet end Synden, og ikke elsker nogen anden (høiere) end Gud.

Rom havde aldrig havt en saadan Seierherre inden sine Mure. Rom havde aldrig havt en saa mægtig Mand inden sine Grændser. Skjønt Verden saa ned paa ham — og han saa maaske meget liden og foragtelig ud—, var han dog i Himmelens Aasyn den mægtigste Mand, som nogensinde havde betraadt Roms Gader. Sandsynligvis vil aldrig en anden lig ham betræde hine Gader. Guds Søn vandrede med ham, og den Fjerdes Skikkelse var hos ham. Men gaa ind i hint Fængsel; der er han; Betjente kommer til ham og fortæller ham, at Nero havde underskrevet hans Dødsdom. Han skjælver ikke, — han bliver ikke bange.

"Paulus, er du ikke bedrøvet over, at du har været saa nidkjær for Kristo? Det vil koste dig dit Liv; hvis du kunde begynde et nyt Liv, vilde du give det til Jesum af Nasaret?" Hvad tror du den gamle Kriger vilde svare?

Se hint Øie flamme, som han svarer: "Hvis jeg havde ti tusen Liv, vilde jeg give hvert eneste af disse Liv til Kristum, og det eneste jeg beklager er, at jeg ikke begyndte tidligere og har tjent ham bedre; det eneste jeg beklager er, at jeg nogensinde hævede min Røst mod Jesum af Nasaret."

"Men de vil halshugge dig."

"Godt, de kan tage mit Hoved, men Herren har mit Hjerte. Jeg bry'r mig intet om mit Hoved; Herren har mit Hjerte og har havt det i flere Aar. De kan ikke stille mig fra Herren, og naar mit Hoved er afhugget, skal jeg vandre bort og være med Kristo; thi det er saare meget bedre."

Og de førte ham ud, — jeg ved ikke, hvad Time paa Dagen; maaske det var tidlig paa Morgenen. En

Tradition siger, at de ledte ham to Mil udenfor Byen. Betragt hin lille Teltmager, som han gaar gjennem Roms Gader med faste Skridt; betragt hin Kjæmpe, som han bevæger sig gjennem Gaderne; han er paa Vei til Retterstedet. Tag Plads ved hans Side og hør ham tale; han taler om Herligheden hisset.

Han siger: "Forøbrigt er en Retfærdigheds Krone henlagt for mig. Jeg skal se Kongen i hans Herlighed iaften. Jeg har længtes efter at være hos ham; jeg har længtes efter at se ham. Dette er min Kroningsdag."

Verden spottede ham, men han brød sig ikke om dens Spot. Han havde noget, som Verden ikke havde; brændende i hans Indre var en Kjærlighed og en Iver, som Verden ikke kjendte noget til. O, den Kjærlighed, som Paulus nærede for Jesum Kristum! Men o, den større Kjærlighed, som den Herre Jesus nærede for Paulus!

Timen er kommen. Henrettelsen udførtes paa hin Tid paa den Maade, at Fangen, bøiede sig, medens en romersk Soldat afhuggede hans Hoved med sit Svæd. Tiden er kommen, og jeg synes at se Paulus med et glad Ansigt bøie sit velsignede Hoved, medens Soldatens Sværd falder og sætter hans Aand i Frihed.

Hvis vore Øine kunde se, som Elisa saa, vilde vi have seet ham stige ind i en Ildvogn lig Elias; vi vilde have seet ham fare hen gjennem det uendelige Rum.

Betragt ham nu, som han stiger høiere og høiere; betragt ham; se ham fare op—op—op—stadigt opad.

Betragt ham histoppe!

Se ham indgaa i de herliggjorte Heiliges evige Stad — Frelserens Gjenløftes evige Opholdssted. Den Løn, han saa længe har jaget efter, er nær. Se Portene

Dens Løn.

histoppe, hvorledes de aabnes! Se Engle-Heroldene paa Himmelens skinnende Mure! Hør det glade Udraab, som lyder fra Mund til Mund: "Han kommer! Han kommer!" Og han farer med Fart gjennem Perleporten – langs den skinnende Vei – lige til Guds Trone, hvor Kristus staar og siger: "Vel, du gode og tro Tjener; indgaa til din Herres Glæde."

Tænk paa, at saa høre Mesteren sige dette. Vil ikke det opveie alt andet?

O, Venner, eders og min Tid vil snart komme, hvis vi kun forbliver tro. Lad os sørge for, at vi ikke taber Kronen. Lad os vaagne op og iføre os Guds fulde Rustning; lad os styrte os ind i Kampen; det er en herlig Anledning; og da vil lyde ogsaa til os, som til de gamle Herliggjorte, hin velsignede Velkomsthilsen fra vor herliggjorte Herre: "Vel, du gode og tro Tjener!"

Om forfatteren

Dwight L. Moody, der var fast besluttet på at tjene en formue, ankom til Chicago og begyndte at sælge sko. Men Kristus fandt ham, og hans energi blev rettet mod fuldtidstjeneste. Og sikke en tjeneste det var. Moodys navn pryder stadig i dag en kirke, en mission, et universitet og mere til. Moody elskede Gud og mennesker, og en sådan kærlighed har en stor betydning for generationer.

www.ingramcontent.com/pod-product-compliance
Lightning Source LLC
Chambersburg PA
CBHW070148080526
44586CB00015B/1888